コーオウンド・ビジネス

CO-OWNED BUSINESS

従業員が所有する会社

細川あつし［著］

築地書館

プロローグ　わかちあいの資本主義

普通のビジネスより利益も成長率も高くて、しかも社員がみんなハッピー。会社の持続性も高く、また創業者の事業承継戦略としても有効性が高い。

こんなすてきなビジネス・モデルが存在する。社員がその会社の大株主になってしまう「コーオウンド・ビジネス」である。欧米では「エンプロイー・オーナーシップ」と総称されている。

このモデルに従うと、ひと頃流行った「株主価値極大化思想」はそのまま、社員の利益極大化をもたらしてくれる。会社が利益を上げるほど自分たちも潤う。この単純な事業構造が社員も経営者も「やる気」にさせてくれる。「自分たちの会社」という意識が「自分の職場」へのかかわり方を変えてくれる。「わが社の利益の極大化」と「ワーク・ライフ・バランス」が矛盾なく均衡する。

英米の研究によると、コーオウンド会社とそうでない会社を比較した場合、売上高、利益率、社員定着率、会社の持続性ともに、コーオウンド会社のほうが優れているという調査結果が複数出ている。コーオウンド会社は不況に強いという傾向もはっきりと表れている。

それだけではない。「私が、私たちがこの会社のオーナーだ」という意識が、仕事に邁進し、お互いを助け合う共通意識を醸成してくれる。さらに金銭的利益にとどまらない果実をわかちあうコミュニティ意識を醸成してくれる。その意識はそのまま、あたたかくゆたかな会社の文化となって定着してくれる。コーオウンド・ビジネスの世界ではこの文化を「オーナーシップ・カルチャー」と呼んでいる。

オーナーシップ・カルチャーが育む貢献意識は社内だけにとどまらず、お客様、取引先、近隣のコミュニティ、果ては仕入れのおおもとの原産国の労働者や環境にまでさかのぼっていく。彼らが会社の姿勢に共鳴して応援してくれる。そして会社を発信源として、利益とよろこびと貢献をわかちあう大きなコミュニティが育ってくれるのである。

日本ではほとんどなじみがないコンセプトだが、コーオウンド・ビジネスは英米では大きな潮流となっている。英国のニック・クレッグ副首相は、二〇二〇年までにこのビジネス・モデルが英国ＧＤＰの一〇％を支えるようになるまでに育成すると宣言した。[*1] 米国ではすでに民間雇用の一〇％をコーオウンド会社が支えている。[*2]

英米でコーオウンド・ビジネス・モデルが普及した最初のきっかけは、オーナー経営者たちの事業承継対策としてだった。息子や同族で事業を引き継いでくれる者がいない。競合他社やファンドに会社を売れば自分は売却益を手に入れられるが、それは社員を苦しめることになるし、なにより自分が手塩にかけて育てた会社がこの世から消えてしまう。そんなことはできない……という悩みの中から生まれたのがコーオウンド化という道だった。

オーナー社長たちは最初はおっかなびっくりで、少しずつ株式を社員に渡してこのモデルを進めた。ところが、いざやってみると会社の雰囲気がどんどんよくなり、業績がぐんぐん伸びた。これに気をよくしたオーナーたちはコーオウンド化を一気に進めていった。

そして追随する会社が増え、それがひとつの潮流となって法制や税制優遇措置が後追いで整備されていった。これが英米でのコーオウンド・ビジネス・モデルの生成過程である。

日本ではこのビジネス・モデルは普及していない。その理由はひと言でいうと、戦後の経済界が護送船団式経済モデルを推し進めて終身雇用型の高福祉経営を敷衍させたこと、そしてそのモデルに制度疲労が起きた今世紀初頭になって、一気に株主価値極大化モデルに舵を切ったことに由来する。その中でステークホルダーを大切にするコーオウンド・ビジネスのコンセプトは取り上げられずにきたのである。

日本の法制度や税制を見渡して、コーオウンド・ビジネスを阻害するものはひとつも存在しない。英米のような税制優遇措置は存在しないものの、創業家や経営者がこの「わかちあいの資本主義[*3]」モデルを取り入れることを阻む要素は何もない。

日本でも、いよいよコーオウンド化に舵を切った会社が現れ始めている。日本の「わかちあいの資本主義」元年の幕はすでに開いているのである。

本書では、事業の成長と承継に心を砕く経営者、新しい挑戦を通じて自らを世に問う起業家たち、そして、日々仕事に邁進しながらも「なぜ自分はこの仕事をしているのか」との問いを抱くあなたに向けて、この新しいビジネス・モデルを提案したい。本書を通じて読者とともにこのモデルを見ていくことで、私たち一人ひとりにとって「しごと」とは何か、「ビジネス」とは何かを問いかけていきたいと考える。

目次

1章 コーオウンド・ビジネスとはいったいなにもの？

「利益性も成長率も高くて、社員がハッピーで、持続性も高い？　そんな都合のいいビジネスがほんとうにあるのか？」読者はプロローグを読んでそう思われただろうか。

私も初めはキツネにつままれたような気持ちだった。

初めてコーオウンド・ビジネスなるものに遭遇したのは、一九八〇年代末のことだった。当時私は国際ブランド流通の仕事に携わり、ニューヨークやロンドンに出張していた。そんなある日現地駐在員の人とロンドンの商業施設を見て回っていると、彼は目の前の百貨店を指さして「あの店はお客様がとても大切にしている店なんだ」と言った。「ん？　お客様が？」どういうことだ。お客様を大切にしている百貨店はどこにでもある。この店は逆なのか。

店の中に入ってみた。ディスプレイも陳腐だし、商品も際立っていいようには見えない。何よりこの時代になってまだ一階の真ん中に服地売場がでーんと鎮座している。一九五〇年代の百貨店はこんなだったと聞いたことがある。こんな店のどこがいいんだ。わからん。

私はその謎を解こうともせず、この店のことを忘れてしまった。

時代は下って二〇〇〇年代前半、私は日英の合弁会社を経営していた。英国出張をしたときにある食品メーカーを訪れた。いなかにある中小企業だ。英国側パートナーのスタッフ二人が私を案内してくれた。この二人は他の会社を訪問する際にもたびたび同行してくれていたのだが、今回はなんだか様子が違う。やけにかしこまっているのだ。

「どうしたの?」「この会社はエンプロイー・オウンドなんだ」二人は尊敬の念をあらわにしながら答えてくれた。「エンプロイー・オウンドって?」「社員がオーナーなんだよ」「ふ〜ん……」

変わった会社だという印象のみが心に残り、この会社も私の記憶にはとどめられなかった。


その数年後、私は消費者に近い事業を営む会社の経営顧問をしていた。そのうちの一社の社長がひと言、私に命題を投げかけた。「この会社を『みんなの会社』にしたいんです」

みんなの会社。短いひと言だったが、このセリフが私の心に重くのしかかった。それはいったいどういう会社なのか。私は、それは「みんながわが事のように仕事に取り組む会社だ」と考え、社員の業務参画プログラムを進めた。

社員の皆さんに「わが事」のように仕事に携わっていただく。それには自ら仮説を立て、議論し、ある程度のリスクを引き受けて実行に移していただく必要があった。社長にも「任せる」ことに慣れていただくようお願いした。このプログラムが効果を表すには三年かかったが、一定の成果を得ることができた。社長も皆さんも喜んでくれた。

しかし、私には納得が行っていなかった。わが事のように仕事をする、その「わが事」とはバーチャルにすぎないのではないか。

わが事のように仕事に打ち込めば成果が上がる。そうすれば社長も喜んでくれるし、自分たちのボーナスや給料が上がるかもしれない。やりがいも出てくる。

それはそうなのだが、それはすべて「わが事のよう」でしかない。ほんとうに「わが事」ではないのだ。

「ほんとうの『みんなの会社』とは？」この疑問が私の頭から離れなかった。

そこに英国で遭遇していた前述の二社の記憶がよみがえってきた。エンプロイー・オウンド……このコンセプトに何か糸口が見いだせるかもしれない。

私は日本の文献や事例をあさったが、どこを探しても全く見つからなかった。ところが英米の文献を当たってみると、出るわ出るわ、膨大な論文、書籍、事例が私のデスクに積み上がった。私はコーオウンド・ビジネスの研究にのめりこんだ。このような新しい分野の研究をするのに、立教大学大学院二十一世紀社会デザイン研究科がうってつけの環境を提供してくれた。私はここで「エシカル・ビジネス概念とその事業モデルとしての従業員所有事業」という博士論文を書き、社会デザイン学博士の学位を授与された。

二〇一三年春、私は米国シアトルにいた。全米エンプロイー・オーナーシップ・センター（NCEO：National Center for Employee Ownership）の年次コンファレンスに出席するためだ。会場に行ってみて圧倒された。一〇〇〇人を超える参加者でごった返していたのである。大ホールで総会が開かれ、そして三日間にわたって何十ものセミナーが数か所で同時進行していた。

私も過去に多くのコンファレンスに参加した経験があったが、このコンファレンスは明らかに異質だった。主催者も出展社も参加者も、誰もがオープンで親切なのである。そして普通は秘密にしそうな情報もどんどん教えてくれる。「ここはほんとうにアメリカなのか？」生き馬の目を抜くような米国のビジネス界で、どうすればこのような情景が繰り広げられるのか、キツネにつままれたような気がした。

もうひとつ驚いたことがある。これだけ大きなコンファレンスなのに、日本人は私以外誰もいないのだ。

同年の晩秋、私は英国バーミンガムに飛び、英国エンプロイー・オーナーシップ協会（EOA：Employee Ownership Association）の年次コンファレンスに出席した。ここも状況は全く同じだった。一〇〇〇人規模の大きなコンファレンスに見きれないほどの多数のセミナー、そして誰もがオープンで親切だった。

このコンファレンスでは宿から会場までシャトル・バスを出していたのだが、バスに乗るところから他のコンファレンスとは異質だった。見ず知らず同士が挨拶を交わして、親しげにいろいろな疑問や情報をわかちあっている。オープンで親切。私は米国シアトルで感じた空気と全く同じものを感じ取った。

これらのコンファレンスに前後して、私は英米の複数のコーオウンド会社を訪問した。これらの会社にも、同じ空気がただよっていた。オープンで親切なのである。

「なぜコーオウンド・ビジネスに関わる人たちは共通の空気を湛えているのか」私はそれまで必死に文献をあさってきたのだが、この「空気」に触れるまで、私はコーオウンド・ビジネス・モデルの本質をわかっていなかった。この事業モデルは豊潤な「わかちあい」のエトスを湛えているのだ。社員がオーナーや影響株主になるという仕組みがエトスを醸成し、そのエトスが仕組みをいっそう強くする。双方が循環して「わかちあいの資本主義」を形づくるのである。

オーナーも、社員も、周辺のステークホルダーをもハッピーにしてくれ、そして事業を強く育ててくれる。コーオウンド・ビジネス・モデルに確信を得た私は、法務・会計の専門家の仲間たちとともに日本の法制・税制下で無理なく一般の会社をコーオウンド化するスキームを組みあげた。実践でも研究でも、日本でこのコーオウンド・ビジネス・モデルが広まってくれて、会社や人びとが元気になってくれることを夢見る。そのために少しでもお役に立っていきたいと願う。

本書は日本で初めてのコーオウンド・ビジネス（従業員所有事業）に関する書籍である。本書で取り上げている概念、事例、データなどはすべて上述の私の博士論文、周辺の先行研究、私自身の訪問聴取に基づいている。しかし本書ではあまりむずかしい記述は避け、読者にコーオウンド・ビジネス・モデルを興味深く理解していただけるように、わかりやすく解説をして行くこととする。あわせて、コーオウンド・ビジネスが湛えるエトスも嗅ぎ取っていただけるように、その「空気感」を書きとどめていきたい。

まず、コーオウンド・ビジネスとはいったいどんなものなのか、二つの代表的な事例をご紹介して「理解の扉」を開けさせていただこうと思う。

1.1 元祖コーオウンド会社

英国に「ジョン・ルイス（John Lewis）」という百貨店がある。老舗であり、英国最大級の店舗網を誇る。多くの消費者たちはこのジョン・ルイスに特別な思い入れを持っていて、「家具やインテリアはここでしか買わない」「プレゼントはいつもジョン・ルイス」というお得意さんも多い。お客さんたちの思い入れは単に「品揃えがいい」とか「サービスがいい」というだけでなく、多分にこの会社のあり方への共感に由来している。このジョン・ルイスが本章の冒頭でご紹介した「お客様が大切にしている店」であり、「元祖」コーオウンド会社なのである。

ジョン・ルイスは一〇〇％コーオウンド会社で、九万一〇〇〇人（二〇一四年現在）の従業員が社員オーナーとして毎日業務にいそしんでいる。彼らは「従業員」ではなく、「パートナー」と呼ばれる。同社の正式名称は「ジョン・ルイス・パートナーシップ」であり、傘下にジョン・ルイス百貨店と高質な食品スーパーのウェイトローズ（Waitrose）を持つが、そこで働く人びとはみんな「パートナー」である。

写真 1.1-1　2009年に開店したジョン・ルイス百貨店カーディフ店

ジョン・ルイスはその事業目的を「成功したビジネスを通じてのパートナーたちの最大幸福の追求」であると宣言している。多くの日本の会社にありがちな額縁に掲げるだけの企業理念とちがって、ジョン・ルイスの理念はそのまま具体的な施策に直結している。

その代表例が「パートナーシップ・ボーナス」である。ジョン・ルイスでは毎年、その年度の利益に応じて、パートナーの年収に対して等率のボーナスが支払われる。会長から新入パートナーまで全員等率である。かつ、会長の年収は規則によって上限が定められており、賃金格差が抑えこまれている。ボーナス率の発表は全社全店舗同時にされるのだが、各部署で趣向を凝らした発表のしかたをしており、毎年マスコミの取材対象になるほどのお祭り騒ぎになる。

福利厚生の諸施策、広大な保養施設、様々な休暇制度など、同社がパートナーの幸福追求に費やす努力は尋常ではない。

「パートナーの幸福」について、ひとつの代表的なエピソードがある。英国では一九九四年に法律が緩和されるまで大規模小売業の日曜営業が禁止されていたのだが、ジョン・ルイスではパートナーたちが二日間のウィーク・エンドを楽しめるようにと、月曜日も定休日にしていた。法律が緩和されるにあたって、同業他社は一も二もなく日曜営業を開始したのだが、ジョン・ルイスではそうは行かなかった。二日間の定休日をパートナー幸福の必要条件と位置づけていたために、この方針を簡単には変えられなかったのだ。

小売業界の熾烈な競争環境の中、さすがにジョン・ルイス社内でも定休日を撤廃すべきとの意見が起こったが、この議論は会社を上げての大論争になってしまった。

一般の会社では利益追求が唯一最大の目的であるため、百貨店の日曜営業は当たり前だろう。しかし、ジョン・ルイス社内では「日曜・月曜営業によって売上・利益が何%上がる」という意見と「パートナーが日曜・月曜に働くと、家族との時間が犠牲になる。子どもの行事も日曜日に集中している。これを犠牲にしてよいのか」という意見が、全く同じ重みをもって議論された。

この議論が収斂して、ジョン・ルイスがようやく日曜・月曜営業に踏み切ったのは、小売業界でも最も遅いタイミングとなった。[*4]

社員の最大幸福を追求していくと、社員が働く地域とのかかわりがごく自然に命題としてあがってくる。パートナーたちは社員であると同時に家族を持ち、恋人や配偶者を持ち、親であり、健康や環境に問題意識を持つ市民でもある。家族、仲間、地域、コミュニティ、環境とのかかわりはパートナーたちの幸福に直結する。

この「パートナー＝生活者」という自然な意識が反映されて、ジョン・ルイス・パートナーシップでは様々な地域・社会・環境への貢献活動を実施している。パートナーたちのボランティア活動が会社ぐるみで奨励され、会社としての寄付、ファンドレイジング活動も活発に行われている。地元コミュニティとの融和には特に気を使っており、ジョン・ルイス店舗では店内の会議室や施設を地元の非営利組織やコミュニティ活動に無償で貸し出している。

なかでもユニークなのは、エリザベス女王在位五〇年を記念して設けられた「ゴールデン・ジュビリー・トラスト（Golden Jubilee Trust）」である。これは、パートナーが自ら選ぶ非営利組織に最大六か月間出向できる制度で、その間出向パートナーの給与がゴールデン・ジュビリー・トラストから拠出されて保証される。二〇〇〇年の開設以来、六五〇人以上（二〇一四年現在）のパートナーがこの制度を利用して長期ボランティア活動にいそしんだ。

ジョン・ルイス・パートナーシップで働く人たちの多くが自分たちの会社を誇りに思い、そして親切である。同社では新人や新たに異動になった人たちに対して、まわりがどんどん声をかけ、自主的にその部門の仕事のノウハウを伝え、その人が快適に仕事を習得できるように支援をするそうである。

筆者が話を聞いたパートナーは次のように語っていた。「私はもちろん、ほとんどすべての買い物をジョン・ルイスかウェイトローズでします。店に入ると自分がここのオーナーなんだという気持ちが湧いてきます。そして共同オーナーの仲間たちが元気に働いている。彼らが顔見知りか否かは関係ありません。その姿を見るのがうれしいんです。それに私が買い物をして支払ったお金は給料やボーナスとして私に返ってきますしね」

こうして培われる共通の感覚が積み重なり、「文化」にまで醸成されていく。「オーナーシップ・カルチャー」である。

社員全員がオーナーである一方、ジョン・ルイス・パートナーシップでは「経営の専管性」は会長に集約されている。パートナー代表が数名取締役会の席を確保しているが、過半数は会長が任命する権限を持っている。主要経営陣はすべて会長に任命権がある。痛みをともなう経営の意思決定でも相当程度会長に委ねられている。

経営意思決定をいちいちオーナー株主たちの民主主義に委ねていたのでは、会社の経営は成り立たない。経営の意思決定はトップ経営者の独裁である必要がある。

一例を挙げてみよう。あるパソコン会社の社長が突然ウォークマンの二番煎じ製品を売りだすと言いだしたら、電話機を売りだすと言ったら、まわりは寄ってたかって反対したはずである。しかしトップが断行したからこそ、現在私たちは当たり前のように音楽配信を聴取し、スマホを使いこなしている。読者はもうおわかりだろう。これはアップル社の例である。経営のイノベーションは発案されたときにはしばしば奇異に聞こえる。それぐらいでなければイノベーションは起こせない。だからこそ、現代は「経営の専管性」が必須の時代である。

ジョン・ルイス・パートナーシップではこの「経営の専管性」が同社憲法によってしっかりと規定されている。この「経営の専管性」が発揮された象徴的なエピソードとして、同社では二〇〇〇年代に入って人員リストラが断行されている。

しかし一方で、経営を全面的に任されたトップ経営者が何年にもわたって経営の失敗を繰り返したらどうするのか。専横や公私混同をはたらいたらどうするのか。株主たちは、そして株主利害を代理する取締役たちはそれを止めることができるのか。止まらなかったら弾劾をすることが可能なのか。

これは「ガバナンス（企業統治）」問題として、経営の分野で多くの議論が繰り広げられてきた。象徴的な出来事として、私たちはエンロン事件やワールド・コム事件、そして日本ではオリンパス事件や東芝事件を見てきた。適切なガバナンスの方法が常に模索され、現在も法規制の強化が続けられている。

では、ジョン・ルイス・パートナーシップではガバナンスはどのように行われているのか。同社憲法では単純明解な規定が設けられている。パートナーたちは会長の罷免権を持っているのである。パートナーたちに選任された理事三人の投票で会長を罷免することができる。今までこの罷免権が行使されたことはないが、しかし会長にとってみれば、自分を取り巻く数万人の部下たちが自分をクビにする権限を握っているというプレッシャーは尋常なものではないだろう。

加えて同社では、パートナー組織が任命した役職として、本部に「カウンセラー」、各事業所に「レジストラー」という専任職を設けている。彼らの任務は現場のパートナーたちの意見を日々吸い上げることと、そして現場や本社の経営者の監視である。

英国では、ジョン・ルイス・パートナーシップはコーオウンド・ビジネスのロール・モデルとしての尊敬を集めている。会話の中でも「うちはジョン・ルイスみたいな会社です」という話が出るそうである。それを聞いて英国の人びとは「あ、社員がオーナーなんだな」と、ピンと来るそうである。

1.2　誕生日に会社を社員にプレゼントしてしまったボブ

米国西海岸、オレゴン州に「ボブズ・レッド・ミル（Bob's Red Mill）」という会社がある。有機栽培の穀物製品を販売する会社である。ボブズでは昔ながらの石臼でゆっくりと穀物を挽いている。低速低温で石臼挽きされた全粒穀物は微量栄養素を豊富に含み、食感、味覚がゆたかに保たれる。

創業者のボブ・ムーア（Bob Moore）はサラリーマンをしながら、一九七四年にこの事業を始めた。彼と妻のチャーリーは以前より石臼で大切に挽いた小麦で焼いたパンを食べたい、人びとに食べさせてあげたいという想いを描いていたが、スーパーの店頭には高速の機械で処理され、漂白された穀物製品ばかりが並んでおり、その願いはかなわなかった。

昔ながらの方法で大切にやさしく挽いた粉でおいしいパンを焼いて食べたい、おいしいオートミールやシリアルを食べたい。ただそれだけなのに、この身近でささやかな希望をかなえられない。

そんなある日、ボブはノース・キャロライナ州の農夫から石臼を譲ってもいいという話を聞き、貯金をつぎ込んで買い取ってしまった。そして工房を借りてチャーリーと息子たちといっしょに粉を挽き始めたのだ。

毎日毎日たのしく粉を挽く。ボブの夢の生活が始まった。彼の石臼挽き全粒粉はやがて口伝えに評判を呼び、人びとがそれを求めて訪れるようになった。この製粉所は順調に成長しボブは息子たちに事業

写真 1.2-1　ボブ・ムーアと石臼

を譲ったが、オレゴン州ミルウォーキーに居を移して再びゼロから製粉所を立ち上げた。折しも米国では健康食品ブームが巻き起こり、この製粉所も順調に発展、大手のチェーン店にも卸すようになった。

しかし、一九八八年に製粉所が火事になり、彼はすべてを失った。精神疾患のある犯人による放火だった。この時点で彼は六〇歳に近く、保険は建物の建設費相当額しかカバーしていなかった。しかし彼は従業員の家族たちとお得意さんに強く支えられて、近くに工場を新築し操業を再開した。

ボブズ・レッド・ミルはその後口コミの引き合いによって業容がどんどん拡大していき、社員数九人で始めた事業が二〇一四年時点で四〇〇人にまで成長した。一七エーカー（約六万九〇〇〇平米）の土地に三二万平方フィート（約三万平米）の本社工場が建設されて、三交代勤務で二四時間操業している。二〇〇三年には本社の近所に直営の小売店とレストラン「ボブズ・レッド・ミル・ホール・グレイン・ストア、レストラン&ベーカリー」を開店した。[*5]

売上高については公表されていないが、過去一五年間年率二〇～三〇%の成長を続けているとのことだった。新聞記事によると二〇〇五年の年商は推定三〇〇〇万〜五〇〇〇万ドル（約三三億〜五六億円）[*6]、そこから類推して二〇一三年の年商はおそらく一億八〇〇〇万〜三億ドル（約一七七億〜二九五億円）[*7]の規模だろう。[*8]二〇一三年時点で輸出（七一か国）が年商の一〇%を占める。キャッシュ・フローもきわめて順調で、無借金経営を続けている。[*9]

アメリカン・ドリームの典型のような話だが、ボブはそれを誇りに思っているわけではない。話を聞きに訪れた私にやさしい笑顔を見せながら、彼は次のように語ってくれた。

「チャーリーと二人だけでミルを経営していたときはしあわせだった。穀物粉の販売を通じてお客様や人びとと接し、子どもたちの見学を迎え入れ、そしてなによりも自然のままのよい食品を提供するという自分の仕事が誇らしかった。ビジネスを拡大しようという欲は全くなかった。しかし、お客様の需要に追いつかなくて、それに応えていくうちにこれだけ大きくなってしまったんだ[*10]」

ボブズは大企業となった今も、石臼を使った熱を発しないスローな製法をかたくなに守っている。工場では見学者のためのツアーが毎日催されており、顧客向けに自然素材によるクッキング・スクールが頻繁に開催される。

ボブはトレード・マークの赤いベストを着て毎日のように店頭に立っているし、工場見学者の前に突然登場して案内役を買って出る。創業当時と全く変わらぬ姿勢でお客様、地域とのつながりが紡がれている。

ボブズ・レッド・ミルは「信頼、正直、誠実（Trust, honesty and integrity）」を社是としている。意図的に透明な製品パッケージを採用しており、全粒穀物製品の一粒一粒がひと目で見えるようにしてある。

またボブズでは「品質に性急さは禁物（You can't rush quality）」という方針を貫いている。効率は悪いが摩擦熱を極力発しない低速度の石臼だけを使用して全粒粉製品を生産しているのはその代表例である。これは穀物が本来持っている栄養素を一切損なわず、「自然が意図したそのまま」の穀物商品を食卓に届けようという姿勢の表れである。

同社はコスト効率を求めたアウトソーシングには背を向け、入荷時検品から、仕分け、原料洗浄、製粉、商品試験、パッケージング、物流に至る全行程の内製化を貫いている。これも製品の品質を完全に自社の監視下に置き、自社の社員が管理することによってこそ高度の品質管理が可能だという信念による。一三人の専任品質管理担当者が三交替二四時間体制で品質管理を徹底しており、すべての検査を内製化している。

また、提携農家に対する品質管理指導も二五年間にわたって続けており、その内容は品種を混合しない作付け、運搬機械の洗浄の徹底、農場での検査など詳細にわたる。この農家との協力体制を維持しているからこそ他社にまねができない高質の穀物製品を提供できるのだ、とボブは強調していた。

米国の健康フリークの間ではグルテン・フリー商品がもてはやされているが、グルテン・フリーのオーツ麦製品を開発するのはきわめて難しく、ボブズ・レッド・ミルはそれを実現して市場を驚かせたそうである。

カナダのサスカチュワンの谷あいにある数軒の農家がこのオーツ麦を栽培している。まわりが山に囲まれているので、他の農家からの花粉の飛翔リスクがきわめて少ない。

写真 1.2-2　健康志向のお客様でにぎわうボブズ・レッド・ミル・ホール・グレイン・ストア、レストラン＆ベーカリー

ボブズはこの農家と長年がっちり組んできた。だからこそグルテン・フリー・オーツの提供が可能になったのだそうである。ボブズ・レッド・ミルではオーツ麦製品を含め七〇種超のグルテン・フリー商品を提供している。

米国の健康ブームに後押しされて業容が拡大しているボブズ・レッド・ミルだが、同社はこの流行に対しては一定の距離を置いている。ボブにしてみれば、人類の歴史から見たらむしろ、妙に白いばかりの脱穀製粉のほうが一時的な流行であり、穀物の持つ総合的な栄養の力を考えれば、人びとの食生活は全粒穀物に回帰すべきということなのだろう。

ボブは敬虔なキリスト教信者で、その教義にのっとって多くの社会貢献活動を行っている。

彼と妻のチャーリーはオレゴン州立大学とオレゴン健康科学大学に多額の寄付をして、それぞれに栄養学の研究センターを設立した。[*11] 両センターとも研究だけでなく、健康な食生活の大切さを市民に伝えるアウトリーチ・プログラムを積極的に展開している。

ボブズ・レッド・ミルは設立当初よりコミュニティへのかかわりを大切にしてきた。例えばボブズではある老人ホームに同社製品を継続的に寄付しており、また毎年その老人ホーム運営費の不足分を全額寄付で補塡しているとのことである。ボブズの社内には社会貢献の専任担当者がいて、年間一〇〇件ほどの製品や現金による寄付を行っている。

従業員も各々積極的に地域貢献を行っているそうで、地域の人びとは彼らがボブズ・レッド・ミルの従業員だと聞くと「すばらしい会社に勤めているね」と称賛を惜しまないそうである。それがいっそう彼らの誇りを高めてくれているのだろう。[*12]

ボブは人をとても大切にする。会社の利益は毎月プロフィット・シェア・ボーナスとして社員と分かち合う。快適な仕事環境に心を砕く。何かよいことがあると、社員全員とピザ・パーティでよろこびをわかちあう。彼は社員たちを十把一絡げに「従業員」というふうには見ない。一人ひとりとのご縁を大切にする。

ボブはある社員が車の修理をしないといけなくなったことを聞きつけると、こっそり修理代をその人の財布に入れておく。病院代を払わなければいけない人の財布にもお金をしのばせておく。このようなエピソードが山ほどあるそうである。

ボブはある日、工場の中でひとりの社員と世間話を始めた。その社員の子どもたちはまだ小さかったが、彼はその子たちを大学にまで行かせてやりたいという夢を持っていた。ボブはその場で紙を取り出して、会社の給与と生活や教育に必要な経費を計算してやり、ボブズ・レッド・ミルで働き続けることでその夢がかなう道筋を示してやった。その社員はその通りに仕事を続けた。二〇年後、全社員が集まるパーティでボブはその社員の四人目の娘がオレゴン大学を卒業したことをみんなに報告した。このときのボブのスピーチはそれまでで最も短いものだった。涙のせいで長く話せなかったのだ。

そんなボブが彼の八一歳の誕生日に、すごいプレゼントで社員みんなを驚かせた。ボブズ・レッド・ミルの会社を社員全員にプレゼントしてしまったのだ。これはＥＳＯＰ（従業員株式所有プラン：Employee Stock Ownership Plan）という制度を活用して実行された。数年のうちに社員一〇〇％所有とすることを目標としている。

現在は社員持ち株比率三三・三六％（二〇一三年五月時点）で、六六・六四％はボブ、チャーリー、そして一部取締役の所有となっている。

ボブは大手企業によるＭ＆Ａ（企業買収）をもっとも嫌っており、また投資銀行家への不信も露わにしている。私が彼を訪問していた間、ボブは終始にこやかな笑顔を絶やさなかったのだが、「投資銀行」という言葉を発したときだけ、彼の顔から笑みがすうっと消えたのが印象的だった。最近一〇年間で二五〇以上の買収提案が来ていたそうである。

このことは、彼が同社をコーオウンド化する最大の動機のひとつだった。ボブはボブズ・レッド・ミルが末永く繁栄していくことを望んでいる。彼は「会社の持続性がコーオウンド化の最大の理由のひとつだ」と言っていた。ボブは、会社を大きくしてから高く売却して、贅沢な余生を手に入れるというアメリカ型サクセス・ストーリーを一切望んでいない。

M&Aは「ブランド価値」を資産価値化し、それをマーケティング戦略に使い、消費してしまうという戦略である。それは創業者に高額の投資回収をもたらすが、ボブにとってはM&Aは考慮に値しないどころか、忌むべきものである。

彼のこの事業持続性への希求は、同社が取り扱う製品そのものに由来するという。ホール・グレイン（全粒）の穀物は何千年、何万年もの間人びとの生活を支えてきた、その伝統を継承し、健康な全粒穀物製品を全米に、そして世界に届けることに終わりはあり得ないというのがボブの考えである。

ボブ・ムーアにとって社員はファミリーであり、彼らとともに紡ぐ事業が「ファミリー・ビジネス」である。「同族経営」という意味合いはまったくない。ボブは「実際に働く人たちから隔離された所有が問題だ」と私に述べていた。社員とのとても近い関係性が会社所有の点に関しても成立しないと「ファミリー」としての結束感が損なわれかねない、というのである。[13]

会社をプレゼントされた社員たちの反応もボブズ・レッド・ミルらしかった。ボブが会社をプレゼントしてくれたことは確かにうれしいサプライズだった。しかしそれよりも、彼らをもっと喜ばせたのは、その宣言がボブの引退を意味するものではない、ボブは引き続き自分たちといっしょに仕事をしてくれるんだ、ということだったという。[14]

写真 1.2-3　会社をプレゼントされた社員たちとボブ

1.3 しあわせな資本主義

実際のコーオウンド・ビジネスがどんなものなのか、二つの事例を見ていただいた。読者はどう思われただろうか。私は両社を訪問して、素朴に「世の中にはこんなハッピーな会社があるんだなあ」と思った。

しかし同時に、「単純に社員が大株主になるだけでこんな会社になるんだろうか」「何か裏はないのか」「みんながみんな成功しているわけじゃないだろう」等など、疑問や興味がムクムクと湧き上がってきた。

こうして私のコーオウンド・ビジネスを探索する旅が始まった。

多くの会社を訪問するうちに、国柄も業種も規模も違うのに、はっきりとした共通点を発見することができた。

目を転じると、日本の会社ではハッピーでない社員がどんどん増えているように見える。「仕事」と生きがいを結びつけて語る人を見なくなって久しい。ビジネス・パーソンたちの会社へのロイヤリティも、そして会社の社員たちへのロイヤリティもすっかり薄まってしまったようだ。

私たちのオヤジやジイさんの世代はハッピーだったように見える。一九六〇年代のオヤジは戦後の経済復興を担って「モーレツ」に働いていた。働くほど会社が伸びて自分の収入も増え、やりがいもあった。オフクロやバアさんは彼らを送り出し家を守った。サラリーマン家庭の子どもたちにとって、オヤジは家にいないものだった。

一九七〇年代からベビー・ブーマーたちが社会の中心に躍り出て消費経済が加速した。日本も先進国の仲間入りをした。ファッションとかロックとかポップ・アートとか、文化めいたものもたくさん出てきた。

人口も増え続けた。人口集中と過疎、初めての赤字国債発行、マネー経済の膨張など、今につながる問題のタネも七〇~八〇年代に始まったが、総じて日本社会は昇り基調だった。女性の社会進出も本格化した。

六〇年代オヤジと七〇年代オヤジの間には微妙な差異があったが、彼らは自分が働く会社をためらいなく「わが社」と呼び、会社が自分の雇用や老後を守ってくれることに何の疑いも持っていなかった。彼らは会社にロイヤリティを持ち、会社も彼らを手厚く守った。会社も彼らに対してロイヤリティを発揮していたのである。

彼らがハッピーだったと言いきることに語弊はあるだろうが、少なくとも自分の生活と「しごと」の基盤はしっかりとあり、目の前には未来が開けていた。

今の働く世代にとって、それはぜいたくであり幻想である。日本経済はいまだに会社社会の上に成り立っているが、人びとと会社の間柄はすっかり酷薄なものになってしまった。

日本と社会基盤が違えども、英米でも人びとの「しごと」と幸福の関連性がどんどん薄まっていったことにかわりはない。

私は、九〇年代に米国へ出張したときのエピソードを忘れられずにいる。ニューヨークのホテルでたまたま見たテレビのニュース・ドキュメントで、米国の失業問題について報じられていた。ＭＢＡ（経営学修士号）も弁護士資格も取得した人が一〇〇社ほどの会社に履歴書を送ったが、年収三万ドル（約三〇〇万円）[*15]の仕事にありつけない。テレビは知的な雰囲気を湛えたその男性の憔悴した姿を映し出していた。

一方で私が交渉に携わっていた米国の会社のエグゼクティブたちは競うように巨額の役員報酬を得ていた。が、彼らはまったく余裕がない生活をしており、個人訴訟を二、三件かかえ、離婚訴訟の只中にあり、毎週臨床心理士にかかっていた。

格差が日本に先んじて進んでいたが、いわゆる勝者も敗者も、どちらもハッピーには見えなかった。その後、英米はさらに新自由主義、株主価値極大化の道をひた走り、マネー経済を肥大化させて経済と人びとの間をどんどん分離させていった。

「会社」や「経済」が人びとの手を離れ、逆に人びとをこづき回した時代は、過去に何回かあった。その大きなものの最初は一八世紀なかばに始まった産業革命、二つめは露骨な資本主義が暴れ回った第一次大戦と第二次大戦の間の戦間期だった。そして、今が三つめの「こづき回し」時代なのかもしれない。

「会社」というものが、「経済」というものが人びとの幸福のビークル（乗り物）として機能せず、人びとの上に君臨してこき使うビースト（野獣）と化した、まさにその時代にその国ぐにでコーオウンド・ビジネスが生まれ、発展してきた。

元祖コーオウンド会社であるジョン・ルイス・パートナーシップは、露骨な資本主義が牙をむき、人々に襲いかかっていた戦間期に誕生した。オーナー経営者ジョン・スピーダン・ルイスが一九二九年、大恐慌の年にコーオウンド化宣言をしたのである。

米国コーオウンド・ビジネスの重要なプラットフォームとなったＥＳＯＰ（従業員株式所有）制度は、脱工業化が本格化し、所得格差が大きく開きだした一九七四年に制定された。

露骨な資本主義やマネー経済を生んだ英米が、もう一方では「わかちあいの資本主義」「しあわせな資本主義」とも呼ばれるコーオウンド・ビジネスを育んだのだ。うらやましい。

しかし、日本にもコーオウンド化に舵を切った会社が出てきた。いよいよコーオウンド・ビジネス元年の幕開けである。

2章 普通の会社がコーオウンド会社に

普通の会社がコーオウンド化していく典型的なプロセスを見てみよう。以下は架空の会社シャインズ株式会社の物語である。ただし、その内容は実際のコーオウンド会社の研究資料や、訪問聴取して得たデータに基づいている。

コーオウンド化のプロセスは、株式をオーナー（または市場）から社員に移動するという仕組みに始まり、事業の強靭化、オーナーシップ・カルチャーというソフトの醸成へという道筋をたどっていく。

この物語で読者にまずコーオウンド・ビジネスの有り様を疑似体験していただいて、その後に物語に出てくる各々の要素について、解説や具体的事例を通じて詳しく見ていくことにしよう。

2.1 シャインズ株式会社の物語——社長がいきなり「会社をあげる」

自分たちが働いているシャインズ社のオーナー社長が、突然「この会社を君たち全員にあげる」と言い出した。いったいどういうことだ。

もともと社長は、英語の「光り輝く」という意味の「shine」と日本語の「社員」のゴロあわせで、「みんなとともに築く『社員』の会社」という気持ちを込めて社名を「シャインズ」にしたそうだが、その会社を「あげる」という意味がわからない。

が、社長はどんどん自分の持っている株を社員たちに移してくれた。まだ社長の持ち株比率のほうが大きいが、自分たちも会社の部分オーナーになった。コーオウンド・ビジネスというビジネス・モデルらしい。

オーナーになったので会社の経営情報を把握しておく必要がある、ということで、役員が業績や営業計画を毎月説明してくれるようになった。正直言って数字が苦手なので、損益計算書や貸借対照表を見せられてもピンとこない。そうしたら説明会とは別に勉強会を開いてくれるようになった。

年度末になった。今年度は好業績だった。自分たちはオーナーだから、ということで全員に公平な額のプロフィット・シェア（利益配分）が「パートナー・ボーナス」として分配された。今まで受け取っていた賞与とは意味あいが違うんだということを感じ取ることができた。

前は上司の采配で各自の働きが判定されてボーナスが査定されていた。そもそも会社の業績と関係なく、社長のツルの一声でボーナスを総額でどれぐらい払うかが決められていた。業績がいいのにボーナスがしょぼい年もあった。理由ははっきりとは聞かされなかった。

しかし今度は違う。その年の利益が出たら、会社の発展のために投資に回したり、翌年の運転資本の増大分に充当したり、負債の返済にあてたりする資金はプールしておかないといけないが、それ以外は社員全員に公平に分配してくれるという。自分の、自分たちの働き次第で手にする利益配分がどんどん増えるのだ。がぜんやる気が出てきた。

じんわり変わり出した仕事

第二年度になった。自分たちが部分オーナーになったとはいえ、日々の業務は変わらないし、仲間の顔ぶれも変わらない。部長や専務もあいかわらずだ。キツネにつままれたような気分だ。

しかし、去年のパートナー・ボーナスはうれしかった。あれは自分たちが稼いだ利益の分け前なのだ。「もらう」ものでなく「稼いでわかちあう」ものなのだ。そうしてみると、今日の自分の仕事でいくら稼げているのか、どの時間が利益仕事でどれが裏方仕事なのかを、はっきり意識するようになった。コピー用紙一枚でも経費として自分たちの稼いだ利益から持って行かれる、ということが「べき論」ではなく本気で気になりだした。

年度のなかばを過ぎてくると、なんだか上司からの指示が減ってきたように感じる。各自が自分の判断で最適を求めて仕事をする感覚が共有され始めてきた。

自分は課長なのだが、以前のように部下に頻繁に報告を求めて指示を出すことが減ってきた。いや、正直言うと今年の前半は今まで通り報告と指示のセットを繰り返していたのだが、だんだんそぐわないような、変な感じがしてきたし、そういう報告・指示的な場での部下との会話もかみ合わなくなってきた。でも、これをしないと自分の存在意義がなくなってしまうような気がして、一時はむしろ報告・指示を強めたりしたのだが、自分も部下もいっそう違和感が増すばかりになってしまった。

部長も同じ気持ちでいるらしく、所在なげな表情だ。そうしているうちに、会議室の中ではなくコーヒー・ブレイクや客先訪問の行き帰りなどで部下から相談されることが増えてきた。こっちの会話はすごくかみ合った。笑顔と笑い声が増えた。

一年が過ぎた。会社の売上は自慢できるほど上がった。それでいて営業費は下がっていた。特に人件費がめだって減少した。残業が減ったのだ。

パートナー・ボーナスが発表された。去年より多い。会社中がお祭りさわぎになった。

一年を振り返ってみて、正直自分たちがオーナーだという意識が常にあったわけではない。むしろ思い出すことはあまりなかった。

しかし、去年パートナー・ボーナスを経験したおかげで、自分たちの働きが個人の稼ぎに直結するんだという感覚が通奏低音のように自分の中にあった。みんなもそうだったようだ。その共通感覚がずいぶんと仕事をはかどらせてくれたように思う。「いっしょに稼いでプロフィット・シェアする」という共通利益がはっきりしているので話が早い。

会議が減った。議論や根回しに費やす時間が減った。日中は仕事に専念したが、仕事が終わればさっさと帰った。「残業ゼロデー」でなくても夜遅くまで残っている人がまばらになっていった。結果として残業代が減って人件費が減ったのだ。

残業すれば個人的にはその月の給料は増えてうれしいが、プライベートの時間が減る。それに自分の残業で会社の人件費が上がるということは、みんなでシェアするパートナー・ボーナスが減るということなので、なんだか後ろめたい気がする。このような感覚が次第にみんなの心の中に浸透していったのだろう。もちろん仕事の負荷がまわりより多い人もいる。が、見ていると自然とまわりが手伝うようになってきている。なんだか会社が楽しくなってきた。


小売業の世界では「見せ筋」商品と「売れ筋」商品というのがあるそうだ。おしゃれで色も派手だが、実際に着こなすのは難しそうな洋服がお店のいちばん目立つところにディスプレイされている。それに魅き寄せられてお店に入る。「見せ筋」商品である。お店の中を見て回って、実際にはオーソドックスで着回しがしやすそうな、値もこなれた商品を買う。これが「売れ筋」商品である。

仕事にも「見せ筋」仕事と「売れ筋」仕事があるように思う。「見せ筋」仕事は目立つし格好よく見えるし、社内での事のはこびを円滑にしてくれる。しかし、それは会社に利益をもたらすものではない。

社内プレゼンの資料作成に膨大な努力と時間を費やす。誰よりも朝早く会社に来ていちばん遅く退社する。根回しをする。これらの多くは「見せ筋」仕事なのではないだろうか。

自分が働く会社が「自分たちの会社」になったことで、「見せ筋」仕事の多くが不要なもの、無意味なものになっていったようだ。

気運に乗る　乗り切れない

第三年度になった。

コピー機や照明スイッチのまわりの「節約」張り紙がなくなった。「売上目標必達」とか「ホウレンソウ（報告・連絡・相談）」などの標語もほぼなくなった。必要がなくなったのだ。

課長としての自分の仕事は、課のその年の全体の方向を示して時どき軌道修正をするという全体的なこと以外は、ほとんど調整に終始するようになった。自分もプレイイング・マネージャーとして現場に出ることがぐっと増えた。そうしているうちに、部長と自分の関係、自分と部下たちの関係が微妙に変化してきた。上司と部下というだけでなく「仲間」という感覚が増してきた。

助け合う、応援しあう気運が、課内にも社内全体にも満ちてきた。その分、自分の業務範疇でない、仲間を助ける仕事が増えたので時間はいつもタイトだ。しかしそれで仕事が滞るわけでも残業が増えるわけでもない。チームで事に当たるというのはこういうものなのかと、その本質が垣間見えるようになった。

「フリー・ライダー」という言葉がある。自分の責任を果たさないで人の尻馬に乗り、楽して得をしようという人を指す。

わが社にもフリー・ライダーが何人かいた。彼らは程度の差こそあれ、総じて頭がよく器用である。自分のところに降ってきた仕事は、できるだけ手間をかけずに次に回すか他人に振る。空いた時間は忙しそうにして見せるか外出する。

会社がコーオウンド化して、彼らは一気に浮いた。上司の目はごまかせても、同僚の目はかわせない。フリー・ライダーが仕事を振る相手は彼ら同僚なのである。

自分たちの会社だというオーナーシップ・カルチャーは、助け合い、わかちあいの気持ちも湧き立たせるが、助け合わない人たちへの監視の目としても機能する。その目は以前の会社のように上司からの目ではなく、まわり中からの三六〇度の目なのだ。これはきつい。

フリー・ライダーたちはいつの間にかひとりふたりと会社を去っていった。

営業でトップをひた走ってきた同期がいる。曽呂田である。愛想もよくパワフルな奴なのだが、その曽呂田が最近元気がない。悩んでいるようで、営業成績も低迷ぎみだ。

どちらから誘うでもなくいっしょに飲みに行った。彼の悩みの原因は彼自身の仕事のスタイルにあるようだった。人間としてはとてもいい奴なのだが、仕事の起承転結をすべて自分のコントロール下に置かないと気が済まない。本質的にソロ・プレイヤーなのである。

会社がコーオウンド化してから、会社全体が自然とチーム・プレー的に変化してきた。その中で曽呂田は浮いてしまった。彼は仕事を下請け的に部下に分担することはできたのだが、任せて委ねるというのが苦手だった。

エリート街道をひた走っていた曽呂田が、突然異国に来たように手も足も出なくなってしまったのだ。杯を重ねるうちに本音もちらほらと吐露し始めた。個人の働きにかかわらず、公平に利益を分配するパートナー・ボーナスの考え方も彼には引っかかるようだった。たしかに曽呂田の立場に立ってみれば、これはつらいだろう。

その後、曽呂田とは定期的に飲むようになった。おいそれとワーク・スタイルを変えられない悩みは従来通りだが、それでも社内に笑顔が増えたことに彼は気づき、こういう雰囲気もまんざらじゃないなと思えるようになってきたようだ。

後日、曽呂田の気持ちを大きく変える事件が起きた。小学生の息子が怪我をしたのだ。彼の課の連中も隣の課の人たちも「すぐに行け」と、ほとんど無理やり彼を送りだした。彼は三日間会社を休んだ。課に戻ってみると、自分がやっていたよりむしろ仕事が進んでいた。しかも、かゆいところに手が届くようなきめ細かさで、丁寧な仕事がしてあった。みんなが曽呂田を手伝うというよりも「自分の仕事」として取り組んでくれたことを汲み取ることができた。このときから曽呂田自身が変わり始めた。彼との定期的な飲み会ではともに笑うことが増えてきた。酒がうまい。

第三年度が終わった。経済全体の不透明さもあって、売上、利益とも去年を若干下回ってしまった。パートナー・ボーナスも減った。ちょっとくやしい。が、「社長が悪い」「会社の経営方針が悪い」などとグチるターゲットが見つからない。よけいにくやしい。

ドライブがかかる

第四年度になった。社長は会社の変化に気をよくしたのか、持ち株をさらに社員たちに譲渡した。社員持ち株比率が三三%を超えた。これで定款変更や会社の重要な資産売却などの重要な議案について、株主総会で社員株主の賛成なしには可決されない仕組みになった。

去年のパートナー・ボーナスが少なかったくやしさのためか、みんなの意識の中で利益指向が強まった。仕事にドライブがかかった。お客様を大切にする気運が高まり、訪問回数が増えた。取引先にはついてきてくれるよう協力を求めた。

年度末になった。結果は大幅な増収増益だった。パートナー・ボーナスも空前の額になった。誰からともなく発案されて、みんなでお金を出しあって大パーティを開いた。

第五年度になった。コーオウンド化第四年度決算の株主総会が開かれ、自分たちも出席した。議事は淡々と進んだが、それでも凛とした緊張感が経営陣の間にも株主席に座る自分たちの間にもただよっていた。決していやな緊張感ではなく、お互いに姿勢を正すという感覚だ。これが「ガバナンス」というやつか。

社長は最近手持ちぶさたな様子だ。なんのかんの言っても今まではオーナー社長だったのだ。権限もリスクも社長に集中していた。すべての意思決定は社長がやっていた。

もちろん社長は今でも最高経営責任者だし、大株主でもある。しかし、最近は大方針の決定以外はどんどん現場が進めていくようになったし、社員を鼓舞するような号令も必要なくなってきた。

全体的には会社がとてもよい方向に向かっていて喜ばしいのだが、社長自身があらためて会社への向き合い方を変えなければならなくなった。「王様」から「大統領」に社長自身の役柄を変化させることに戸惑っておられる。

内からにじみ出てきた

その後三年が過ぎた。この会社はコーオウンド会社なんだ、「みんなの会社」なんだというエトスがしっくりと浸透してきた気がする。

自分たちが影響株主である、プロフィット・シェアがなされる、という仕組みに乗っかって、会社の利益にこだわる、自分の「しごと」をまっとうしながらまわりと助けあう、といった気運が立ち上がってきた。そしてさらに、その気運に乗っかって、一生懸命、親切、笑顔、傾聴、ポジティブといった気風が醸し出されるようになってきた。気運、気風……これがオーナーシップ・カルチャーというやつなのだろうか。

会社にいるオフィシャルの時間とプライベートの時間がはっきりと分かれていることにかわりはない。それに、いくらオーナーシップ・カルチャーが醸成されてきたといっても、社内の利害背反や人の好き嫌いがなくなるわけはない。それでも会社の中にファミリー的な気分が出てきた。快適だ。この会社に長くいたいと思える。

この頃、お客様や取引先から「あの会社は独特の雰囲気を持っている」「つきあっていて気持ちがいい」「社員が大株主らしい」という評判が立つようになってきた。外部の方々にそう評価されると、やはりうれしい。

会社はコーオウンド化第三年度の利益低迷をバネにして利益至上主義に振れたのだが、だからと言ってギスギスするのは嫌だ。取引先にも少し無理を言ってきたが、短期に一円でも安い仕入れを追求するよりも、品質と供給が安定していることのほうが中期的に有利だという見方に変わってきた。

わが社のお客様の最大満足がわが社にとっても取引先にとっても共通の利害だ、という当たり前に見える価値観があらためて共有されるようになってきた。そして認識は取引先のさらに川上へとサプライ・チェーンをさかのぼっていく。

一時期、有名な会社が間接的ながらも、途上国の労働搾取型工場からの仕入れ品を自社製品に組み入れていたことがスキャンダルになった。わが社はそうあってほしくない。そうだ、今度フェア・トレード・プロジェクトの立上げを提案してみよう。

若手の社員グループが、地域貢献のボランティア活動を提案してきた。会社がなんとなくファミリー的、コミュニティ的になってきたせいか、自分たちがオフィスを構える地域とのかかわりが気になりだしたらしい。ただ、単純に地域のお祭りに参加するとか会社のまわりを掃除するとかいうのだけでは味気ない。何かワクワクして地域の皆さんとも楽しく交流できる方法はないだろうか。彼らの呼びかけで、早速ブレイン・ストーミングが開かれた。

会社にとって利益は必須だ。これがなければ会社は存在できない。自分たちも食っていけない。しかし最近では、会社は利益増大だけのために存在するのではないという考え……というより感覚が強い。「貢献」という言葉がしっくりくるようになってきた。お客様への貢献、取引先への貢献、自分たち自身と家族への貢献、サプライ・チェーンのおおもとへの、地域への、社会への、環境への……際限がないが、それでも貢献の広がりというものがあるのだということが意識されるようになってきた。

それにしても、自分たちを含め、貢献をし続けるには、しかもダイナミックにそうし続けていくには、会社の利益は必須だ。利益は血液のようなものだ。利益自体は手段であり、必要条件なのだ。自分たちが関わる人たちへの貢献が目的だ。貢献の輪が充分に深まり広がることが充分条件だ。血行のよい会社で目的と充分条件を追い求めるのが気持ちいい。

今、働くことがしあわせだと思う。

2.2 会社をあげる？ 事業承継のオプション

シャインズ社の「コーオウンド化」の物語、いかがだっただろうか。読者は絵に描いたような話として、やや斜めに構えて読まれたかもしれない。しかし、ここに描かれているエピソードはすべて、現実に存在するコーオウンド会社のとったアクションや起こった事象に基づいている。

ここからは、物語のパーツを一つひとつ解説していこうと思う。読者には、そこからコーオウンド・ビジネスの本質や押さえるべきポイント、そして組織の中で湧き起こってくる気運や気風を汲み取っていただければありがたい。

シャインズ社の物語は、社長が突然「会社を君たち全員にあげる」と言い出したところから話が始まる。あげる？　そんなことがあり得るのか。

まずそもそも、なぜオーナー社長が会社を社員に渡したりしようと考えるのか。ここから見ていこう。

本書の冒頭で述べたとおり、英米でコーオウンド・ビジネス・モデルが普及した最初のきっかけは、オーナー経営者たちの事業承継対策としてだった。オーナー経営者にとって、事業承継は常に悩みのタネである。

優秀で気概があって使命感に満ちている、そんな息子や娘がいてくれたら何もいうことはない。しかし、なかなかそううまく行くものではない。

では娘婿に引き継いでもらおうという手もある。江戸時代の日本の商家では、息子が生まれるより娘が生まれるほうが喜ばれたそうである。息子はどう育つかわからない。むしろ恵まれた環境の中で育つので、金銭感覚が甘く、経営者としての根性や決断力が弱い男に育つ可能性が高い。それより娘を大事に育てて、有能で忠義な番頭さんを婿にしたほうが成功確率が高い。当時の事業承継はむしろこっちが主流だったようである。

江戸時代には「家業」という概念のもとで結婚と事業承継をセットにして考えることができたし、人びとも「そういうものだ」と受け入れていたのだが、しかし今はそうはいかない。自由で変化の激しい現代にあって、同族承継はどんどん間口が狭いオプションとなってきている。

それでは、同族ではないが番頭さんに継いでもらおう、という手はどうだろう。これも現代ではなかなか難しい。

そもそも会社のナンバー2は、初期から社長とともに会社を育ててきた人である場合が多いので、若くない。また、オーナーの株を買い取るほどの財力を持っていないケースがほとんどである。それはそうだ。ナンバー2といえども、ずっと給料のみで生活をしてきたのだ。若手社員より高所得だとはいえ、家のローンや子どもの教育費に追われ、余剰の現預金を持っているケースはめったにない。

番頭さん承継の発展型でMBO（経営陣買収）という方法がある。経営陣が一致団結して会社をオーナーから買い取る方法である。

これは日本でもひと頃流行ったが、多くの場合、経営陣に資金力がなく、プライベート・エクイティ・ファンドなどのファンドに資金を出してもらうという手法を取った。この場合、ファンド側は高額のリターンを求めるため、経営陣に相当な利益捻出の負荷がかかる。その負荷はMBOの埒外にいる社員たちにものしかかる。

そうして会社が疲弊して、ファンドへの配当や返済が滞り、結局会社が他社に売却されたという話も多く聞く。

最近よく聞かれるのは、M&Aである。要は会社を売ってしまうのである。売却先は同業他社である場合が多い。これはオーナーのエグジット・プラン（出口戦略）としてはてっとり早く、英米ほどではないにしても多額の売却益がオーナーの手に入る。

日本でも二〇〇〇年前後のベンチャー起業家はこれを目指した。なかには実態をともなわないのに、何らかの目新しいアイデアを「ビジネス・モデル」と称して、そのアイデアをネタに会社ごと売ってしまおうという起業家まで現れてきた。彼らの夢は三〇代のうちに多額の売却益を手にしてアーリー・リタイアメント、つまり若いうちに楽隠居に持ち込もうというものである。実際そういう夢を実現して、シンガポールなどの税金が安い国に家族ごと引っ越した人たちもいる。

しかしこの手法は、地道に商売を築き上げてきた起業家やオーナーたちには人気がない。自分は瞬時にして富を手にすることができるかもしれないが、手塩にかけて育てた会社は事実上なくなってしまう。社名や商標すら数年のうちに消されてしまう場合が多い。

たまらないのは社員である。知らないうちに会社が身売りされて、経営手法も文化も異なる会社の中で一から仕事の仕方を変えろと迫られる。出世の道は事実上閉ざされたも同然だ。

オーナー社長は、同じ釜の飯を食ってきた仲間たちをそのような仕事環境に放り込んでしまって、自分だけが蚊帳の外にいることができるのか。全人格的な判断が求められるし、実行した後は場合により社員たちのそしりを背負って余生を過ごさねばならない。

日本と比べると会社の売買が頻繁に、かつドライに行われているように見える米国でも、実はこのM

&Aに対する罪悪感や抵抗感が多く見受けられる。そのためにM&Aをエグジット・プランのオプションからはずすオーナー社長は多いのである。

最後に考えられる手は上場である。これも日本で一時期ブームになった。史上最年少で会社を上場させた青年実業家の話題が世間をにぎわせたのも記憶に新しい。[*16]

この手法を狙う会社では、上場のしばらく前にストック・オプションなどの方法で社員たちに自社株を分け与えておく方法がよく取られる。これによって経営陣も社員も株式公開時のキャピタル・ゲイン（株式売却益）を期待できる。株式公開によって多額の資金が会社に注入されるので、事業拡大のための大型投資が可能になる。オーナー家が一定割合の株を持ち続けていれば、ある程度のコントロール権も維持できる。

この手法の問題点は、毎期の業績と配当成績が問われ続けるために、どうしても戦略が短期化してしまうことと、会社が常にM&Aのターゲットにさらされ得るリスクである。また上場すると、株価に反映されにくいその会社独特の判断基準や文化が薄まってしまう。

これを嫌うオーナー経営者も多い。

どの方法も「帯に短したすきに長し」と感じたオーナー経営者たちが英米にもたくさんいた。彼らは同族承継とも他者承継とも異なる第三の道、従業員承継の道を選んだ。はじめはおっかなびっくり、少しずつ株を社員たちに渡していった。ところが、いざやってみると会社の雰囲気がどんどんよくなり、業績がぐんぐん伸びた。これに気をよくしたオーナーたちはコーオウンド化を一気に進めていった。

そして追随する会社が増えていき、それがひとつの潮流となって法制や税制優遇措置が後追いで整備されていった。これが冒頭でもお伝えした英米でのコーオウンド・ビジネス・モデルの生成過程である。

2.3　会社のあげ方

さて、会社をあげると決めたら、次はそのあげ方である。これはオーナーが社員たちに直接間接に株を買ってもらう場合と、まれに本当にあげてしまう場合との両方がある。

典型的なコーオウンド化の道筋は、オーナーから社員へ、または社員を代表する組織へ有償で株を売却する方法である。まずは一〇％ぐらいの株式移動から進める場合が多い。そして社員持ち株比率を、重要議案否決権がともなう三分の一、過半数手前の四九％、過半数の五一％、重要議案の議決権をともなう三分の二と深度を進めていき、最終的には一〇〇％コーオウンドに到達する。

「社員が会社の株を買うと言われても困る。そんなお金はないし、本人の意思を無視して買わされるのはいやだ」会社にお勤めの読者はそう思われることだろう。心配ご無用である。コーオウンド・ビジネス・モデルでは、社員による自社株式の購入は本人の自由意思によることが大原則である。だからこそ社員が会社の株式を買いたくなるインセンティブの工夫が、いろいろと導入されている。加えて、実質的に社員が一円も拠出せずにコーオウンド化を実現する方法もある。会社の「もらい方」については後段で解説させていただくこととする。

社員たちが過半数には及ばないが影響力を持つ比率の株式を所有している状態をコーオウンド（共同所有）、五一%から一〇〇%の支配株主となっている状態をエンプロイー・オウンド（従業員所有）と呼ぶ。英米ではこれら双方を総称してエンプロイー・オーナーシップ（従業員所有事業）と呼んでいる。本書では「コーオウンド・ビジネス」と総称させていただく。

コーオウンドからエンプロイー・オウンドに進んでいくのが典型的な道筋だが、従業員所有比率の増大をある時点で止めることも可能だし、実際そうしている会社も多い。また、会社をコーオウンド化した後、エンプロイー・オウンド化するのにじっくり時間をかける方法も見られる。

冒頭で紹介したジョン・ルイス・パートナーシップは、一〇〇%エンプロイー・オウンド化を完了するのに二〇年かけた。これは、最初のコーオウンド・ビジネスとしてまわりに参考例がなかったためにゼロから試行錯誤せねばならなかったこと、コーオウンド化の途上で第二次大戦が勃発してロンドン本店が空爆で破壊されたことなどに由来する。また、コーオウンド化を推進したジョン・スピーダン・ルイスは着手した時点で四三歳と、充分に若かった。じっくり時間をかける贅沢が許されたのである。

コーオウンド・ビジネス・モデルの注目すべき特徴がここにある。各々の会社の個性によってコーオウンド化スキームを自由に設計できるのである。スキームの設計次第で、社員持ち株比率の進行に段階を設けることができ、かつそのスピードも自由に調節できる。また、ある時点で進行を止めることもできるし、場合によっては逆戻りして、全株をオーナーに戻すことも設計可能である。

英米の各社はコーオウンド化の各段階で、社内にオーナーシップ・カルチャーが醸成されているか、オーナー・会社・社員たちの間の利害がウィン・ウィンの関係に調整されているかを確認しつつ、スキームを進めている。

このスキーム設計には、オーナー経営者自身の年齢、健康度、意欲や同族後継者の問題が大きく影響する。かつ、これらは時間経過によって変化する。

自分はまだまだやれると思っているが、気力体力とも充実している今のうちに次世代への布石を打つべきだろうか。息子や娘を後継経営者にすべきか否かがまだ判断できない。経営は有能な第三者に任せるが、最終のコントロールは同族で保全すべきではないか……等など、オーナー経営者の悩みは尽きない。このように判断に迷う場合でも、その判断をペンディングにしたままコーオウンド化を進めるというのも有効なオプションである。

社員所有比率についてデータが公表されている米国を例にとってみると、コーオウンド会社のほとんどが採用しているESOP（Employee Stock Ownership Plan：従業員株式所有制度）の導入企業は一万一五〇〇社（二〇一一年時点）にのぼり、ESOP企業の社員は全米民間雇用の一〇%、一〇〇〇万人を占める。このうち四五〇〇社が過半数社員所有、三〇〇〇社が一〇〇%社員所有である。[*17]

米国でもオーナー株の移動は一〇%ぐらいから始めて、うまく行ったら売り進めるのが典型的なプロセスである。したがって、右記の過半数社員所有会社や一〇〇%社員所有会社の数の多さは、そのままコーオウンド・ビジネス・モデルの有効性を示す証左だともいえる。このモデルが会社を強くし、社員をハッピーにし、ウィン・ウィンの事業承継を実現し、持続性を高めていることの証明なのである。

全米エンプロイー・オーナーシップ・センター（NCEO：National Center for Employee Ownership）の創立者コリー・ローゼンから、この英米のコーオウンド・ビジネスの生成過程を聞かせてもらったときには夢が膨らんだ。「こんなハッピーで無理のない会社の変身のしかたがあるのか」

しかし振り返ってみると、日本ではコーオウンド・ビジネス・モデルが全く発展していない。私がこの状況をコリーに話すと、彼は「ものごとにはすべて始まりがあるんだ。そしてこの始まり方はワクワクする『fun（楽しい）』な始まり方だよ」と励ましてくれた。

コーオウンド・ビジネス・モデルは税制などの優遇制度がなくとも、それ自体が利益性、成長性、持続性ともに強い優位性を持ったビジネス・モデルである。事業承継のオプションとしても魅力的だ。

私が仲間たちとアドバイスをしている日本の会社は、第一目標として四九%コーオウンド化を目指してプロジェクトを進めているが、一〇年、一五年のスパンでの計画を設定している。そしてその過程でのオーナーシップ・カルチャーの醸成度合いを確かめたうえで、一〇〇%コーオウンド化も視野に入れている。

こうして日本でもいよいよコーオウンド・ビジネス化に乗り出した企業が出てきた。フロンティアが切り開かれ始めたのである。

2.4 ウィルキン&サンズ——あえて足踏みで地元とのご縁をつむぐ

コーオウンド化した時点で、あえて足踏みをしている事例を見てみよう。

英国ウィルキン&サンズ（Wilkin & Sons Ltd.）は、老舗ジャム・メーカーである。日本でも食品スーパーで同社の「ティプトリー（Tiptree）」ブランドのジャムが輸入販売されているので、ご存じの読者もおられるかもしれない。一八八五年創業、現在の会長ピーター・ウィルキンは五代目の最高経営責任者である（二〇一四年現在）。

同社は一九八九年に社員株主組織を編成した後、二十数年かけて社員所有比率を五〇%近くまで上げたが、現在でも同族が過半数を所有している（二〇一四年現在）。

ウィルキン家は社員株主組織に株を移動したのに加えて、毎年二回社員一人ひとりに株を贈与し続けている。近年の配当比率は一〇%前後であり、社員たちにとっては非常によいインセンティブになると同時に、彼らのオーナーシップ・カルチャーを涵養する効果を生んでいる。

ウィルキン&サンズはコーオウンド化以前から、長く社員の業務参画を奨励してきた。ピーター・ウィルキンは同社がコーオウンド化されることで、社員たちの業務参画がいっそう強まり、会社をしっかりと支えてくれるようになると確信している。


ウィルキン家がコーオウンド化の決定をした背景には複数の理由があった。

第一の理由は、買収されるリスクを回避し同社の独立性を保つということである。同族株は代を重ねると複数の子孫へと分散する傾向にある。本家から遠い外縁の同族は事業への思い入れが薄く、それでもある程度まとまった株を持っている。第三者がこの会社を買収しようと目する場合、彼ら外縁の同族が格好のターゲットになる。このリスクは世代交代のたびに高まるので、ある時点で歯止めをかけねばならない。

第二の理由は後継者問題である。さいわい同社は創業者アーサー・チャールズ・ウィルキン以来、これまで有能な同族経営者に恵まれてきたが、今後もそれが続く保障はない。優秀な人材への経営の継承が会社の持続性のための最重要な要件のひとつであることは言うまでもない。彼らは同族の株式所有比率を減らすことで、所有を社員に承継するだけでなく、経営も同族以外に継承することを企図したのである。

第三の理由は会社の持続性と地元への影響である。ウィルキン&サンズは、ティプトリー村が生産する果物をジャムに加工するためにこの地で創業し、現在も同村で操業を続けている。現在では同社で使うすべての果物がティプトリー村産というわけにはいかないが、地元農家との関係は連綿と続いており、また村人の多くが同社社員として働いている。同社製品のブランド名も「ティプトリー」である。ウィルキン&サンズとティプトリー村は深い縁で結ばれている。このことを背景に、同社は村の代表を社員株式所有組織の理事に任命している。ウィルキン&サンズがコーオウンド化によって、会社の独立性と持続性を担保することは、そのままティプトリー村の繁栄の持続に結びついているのである。

このコーオウンド化の過程の中で、ピーター・ウィルキンはどのような株式所有形態が同社にとって最善なのかを模索し続けている。

ウィルキン&サンズは基本的には一〇〇%コーオウンド化を目指してはいるのだが、しかし一方で、ピーター・ウィルキンは一部の外部株主がいたほうがよいとも考えている。そのほうが社員たちが内弁慶にならず、全体の緊張感とバランス感覚を維持できるというのである。

そしてその外部株主がティプトリー村の人びとであれば、会社の地元との共存共栄がお題目ではなく、株主総会を通じての経営意思決定として具体性を持ち続けてくれる。

会社がひとり立ちできるまで見守りながら、それに準じてオーナー家の持ち株比率を下げていく。一方で社員の持ち株のしかたも多様にしながら、さらに村とのつながりを持ち株にも反映させようと考える。

株式の集中と拡散を同時に設計しながら、ベストのあり方を模索し続ける。その模索自体が社員との、そして地域社会とのご縁の紡ぎあいにつながる。

ウィルキン&サンズはじっくりとその最適解を探り続けている。[*18]

2.5 ハーガ・テクノロジー――ほんとに会社をあげちゃった社長

本書でご紹介するコーオウンド会社のほとんどは株を有償で社員や社員株式所有組織に移動しているが、稀有な例として無償で社員にあげてしまう例もある。それをご紹介しよう。

英国にハーガ・テクノロジー（Herga Technology Ltd.）という会社がある。スイッチ製品の製造会社である。この会社のオーナー、ピーター・トレーシーは文字通り会社を社員たちにあげてしまった。無償で、である。

同族の中に事業を引き継いでくれる者がいなかったのが動機だったが、彼はまた、市場公開やＭＢＯ（経営陣買収）によって承継をした会社の多くが工場閉鎖を迫られたり生産拠点の海外移転をしていったのを見て、この方法は取るべきでないと判断、コーオウンド化に踏み切った。

トレーシーは社内に社員株主組織を作り、ここに彼の所有株を移した。これにより、社員株主組織が同社の過半数株主となった。トレーシーはさらに、自身の所有株の一部を社員個人個人に分け与えた。加えて、自費で株式を買い増したい社員向けに優遇措置も提供している。

ピーター・トレーシー以外の同族株主は信託組織を編成して所有株を管理している。彼らは同社株の三〇％超を所有しているが（二〇〇九年時点）、これは時間をかけて会社が買い取る計画である。

こうしてハーガのコーオウンド化は一日にして実現してしまった。ただし「会社の所有というハード面では」というただし書き付きで、である。

コーオウンド化当日は記念イベントが開かれ、テレビの取材も入った。しかしそのお祭り騒ぎの翌日に出勤して、社員たちは少しキツネにつままれたような気分になってしまったそうである。「自分たちの会社になった」とはいえ、職場も自分の仕事もおとといまでと何のかわりもないのである。

それは考えてみれば当たり前なのだが、彼らはこの時点から「オーナー」としての自分と「社員」としての自分たちには、今まで通りの職場と今まで通りの仕事が、今まで通りにそこにある。「社員」としての自分を整理して理解していくことが求められるようになった。また彼らは「所有」と「経営」は異なるものであるということも腑に落としていく必要があるのだ。

株式の移動は、コーオウンド化プロセスのスタート地点に過ぎない。そこから社員たちのオーナーシップ・カルチャー血肉化のプロセスが始まる。それには地道な情報共有と共通体験が必要である。また同時にオーナー自身にも、株式の移動とともに会社との関係性の変化を認識し、自らの姿勢を変えていくことが求められる。この質的な関係性と姿勢の醸成こそがコーオウンド・ビジネスの本質だということができるだろう。[*19]

以後本書では、この「株式の移動」というハード面と「オーナーシップ・カルチャー」というソフト面の両方で、コーオウンド・ビジネスの醍醐味をご紹介していこうと思う。

2.6 会社をもらう？

さて、今度は会社をもらう社員側について見ていこう。

これは社員が直接株式をもらったり買ったりする直接所有方式と、前項の事例で見ていただいたように、社員株主組織を設けてその組織が社員を代表して株主となる間接所有方式がある。

直接所有方式は社員が実際に自社株を所有するので「自分は株主だ」という実感を持つことができる。配当も直接社員の銀行口座に入ってくる。この実感はとても大切なもので、オーナーシップ・カルチャーを育むイグニッションの役割を果たしてくれる。コーオウンド・ビジネスの要諦のひとつであるプロフィット・シェアについても、配当が自動的にその役割を果たしてくれる。

一方、入退社する社員との株のやりとり、その時の株価の算定など、運営に困難をともなう場合も多い。

間接所有方式は、直接所有方式につきまとう株のやりとりの煩雑さから解放されるだけでなく、株が一元管理できるので株式の流動や買収に対するリスク・ヘッジの機能も果たしてくれる。社員株主組織のもとに社員が集うので、結束感も高まる。

一方でこの方式は「自分たちが株主だ」という実感を持ちにくい面がある。したがって社員株主組織が先導して、社員のオーナーとしての自覚を喚起するように働きかけ続ける必要がある。

一見、コンサルタントや技術、法律、会計などの知識専門職型の業種には直接所有方式が合い、メーカーのようなチーム・ワーク型の業種には間接所有方式がなじむように見える。しかし実際の例を見渡してみると、たしかにその傾向はなきにしもあらずだが、逆張りで成功している例も多く見られる。後段でディーリー・レントン&アソシエイツという保険業の会社の事例をご紹介する。

コーオウンド・ビジネス・モデルを生んだ英国では、事例で見てきたように直接所有方式、間接所有方式、両方の組み合わせのハイブリッド方式、さらに外部株主を組み合わせたりと、多彩な形態が見られる。

これは一面、米国と違って最近まで法制・税制面でコーオウンド・ビジネスを優遇する制度があまり整っていなかったことに由来する。これまで社員に株式を有償無償で譲渡した場合の税制優遇など、四つほどの散発的な税制優遇制度しかなかった。

しかしフロンティア精神旺盛な英国の起業家やその後継者たちは、国などあてにせずに、どんどんクリエイティブにコーオウンド化を進めていった。英国のコーオウンド・ビジネスは百花繚乱で、見ていて実に頼もしい。今後日本が見習うべきモデルだろう。

英国のコーオウンド・ビジネスを特徴づけているのが、EBT（Employee Benefit Trust：従業員共益信託）と呼ばれる信託組織である。EBTは直接所有方式の企業では新たに入社した社員と退職する社員の間の株式売買の市場として、また一時的な株のプール場所として機能する。間接所有方式企業では、社員を代表する株主組織として立脚する。

このEBTも法制的には一般の「信託」制度を利用しているに過ぎず、何ら税制優遇措置を受けるものではない。

これまで民間任せできた英国も、コーオウンド・ビジネス大国となるべく本腰を入れ始めた。二〇一二年一月、ニック・クレッグ副首相が演説し、コーオウンド・ビジネスを育成して二〇二〇年には英国GDPの一〇％を稼ぎ出すまでにすると宣言したのである。これに続き官民学の協働で、コーオウンド・ビジネスに対する国民の認知向上、法制・税制の改善など、国をあげてのキャンペーンを繰り広げている。[*20]

米国では前述したようにESOP（Employee Stock Ownership Plan：従業員株式所有制度）とい

う強力な間接所有方式の制度がコーオウンド・ビジネスを支えている。これは一九七四年に制定された従業員退職所得保障法（Employee Retirement Income Security Act：ERISA）という連邦法を基盤としており、会社にも個人にも有利な複合的税制優遇措置が組み込まれている。

ＥＳＯＰ化を進める会社は、毎年給与支払いの一環として、自社株を社員に給付していく。この株は社員の在職中、従業員株式所有信託（Employee Stock Ownership Trust：ESOT）の個人口座に積み立てられる。社員の在職年数が長いほど大株主になれる仕組みである。この積み立てられた株は社員の退職時に引き出して受け渡され、退職者はその株を保有しても現金化してもよい。上場会社の場合、退職者は市場で株を現金化するが、非上場会社では会社がその株を第三者が算定する時価評価額で買い戻す義務を負っている。

社員は退職金が増えること、つまり株価が高くなることを期待するので、長期にわたって会社業績向上に貢献していく、という仕組みである。

このＥＳＯＰのおかげで、米国は民間雇用の一〇％をコーオウンド会社がまかなうほどのコーオウンド・ビジネス大国になった。１章に登場したボブズ・レッド・ミルもＥＳＯＰ会社である。[*21]

2.7　チャイルドベース――直接所有と間接所有のハイブリッド

ここで直接所有と間接所有の両方を上手に組み合わせた会社の事例を見ていくことにしよう。

写真 2.7-1　チャイルドベースの子どもたち

ミルトン・ケインズで設立されたチャイルドベース（Childbase Partnership）は英国を代表するコーオウンド会社である。南イングランドで四六軒の保育園を経営しており、生後六か月から六歳までの四〇〇〇人の子どもたちを預かる。

同社は一九八九年の設立当初から「人」にフォーカスをしてきた。社員には充分なトレーニングとプロフィット・シェアを実施し、また子どもたちをただ預かるだけでなく、彼らの能力を開花させるプログラムを開発してきた。

すべてのスタッフは経営トップ層と直接コミュニケーションできることが保証されており、保育園運営の多くの場面で意思決定に参画している。経営陣総出ですべての保育園を定期的に巡回し、現場の意見を即刻反映させている。

株主総会への出席が奨励されるだけでなく、総会に出席できないスタッフのために、経営陣がすべての保育園に赴き、年度の業績、施策、計画を丹念に説明する。同社は全保育園と本社の代表で構成される社員組織「パートナーシップ・カウンシル」を設けており、社員の意見が取締役会に直接届けられ、経営に影響を与えている。

　これらの徹底した社員参画の仕組みに裏打ちされて、同社の保育サービスは他社の追随を許さないほど高質である。保育園の質を評価する政府の「オフステッド（OFSTED）」ランキングでは、英国の保育園全体の一二％しか与えられない最高ランクの「アウトスタンディング（抜群）」をチャイルドベースのほとんどの保育園が獲得している。[*22]

　同族所有からコーオウンド・ビジネスにシフトし、経営とスタッフの距離が近いチャイルドベースは一七年間連続で二桁成長を続けており、英国企業の模範として多くの表彰を受けている。現在では英国コーオウンド会社の中で一〇番目の規模にまで育ってきた（二〇一四年現在）。

写真 2.7-2　チャイルドベースのケント保育園

写真 2.7-3　チャイルドベースのハートフォードシャー保育園

　同社のコーオウンド・ビジネス・スキームは二〇〇〇年に導入された。従業員共益信託（ＥＢＴ）を開設し、同族株の六四％をＥＢＴに移動した。あわせて社内にスタッフ個人の株式購入用の積立預金口座を設け、株式購入の際にはスタッフの一株購入に対して会社から一株をプレゼントしてきた。また、年二回株式売買デーを設けており、この日に社員間での売買が行われる。取引価額は会社の会計士が算定した時価評

写真 2.7-4　最高ランクの保育水準を誇る

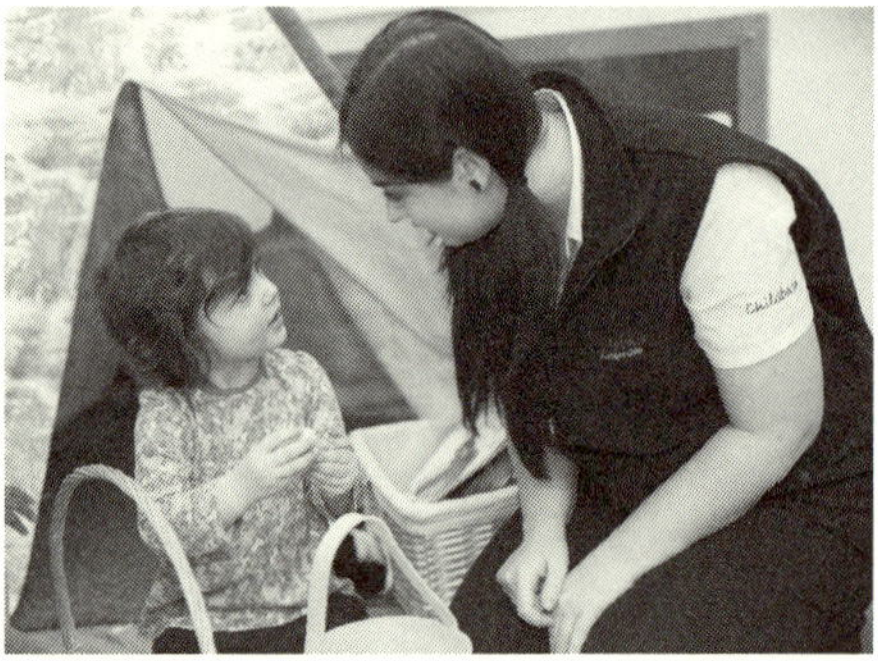

写真 2.7-5　保母さんたちがオーナー

価額にセットされている。

社員たちが初めて自社株を購入したときには「ああ、なるほどね」という表情をするが、ピンとくる人はほとんどいないそうである。しかし最初の配当金を受け取ると表情が変わってくる。そこではじめて「自分は株主だ、オーナーだ」という実感が湧いてくるのだそうである。[*23]

私は英国エンプロイー・オーナーシップ協会（Employee Ownership Association：EOA）の年次総会に出席したときに、チャイルドベースが表彰を受ける場面に立ち会うことができた。壇上に上がってきたのは会長や経営陣ではなく、現場で働く保母さんたちだった。彼女たちは大勢の聴衆を前に慣れない様子で訥々とスピーチをしていたが、どの保母さんもやわらかな笑みを浮かべ、そうでありながら凛とした自信に包まれた様子だった。彼女たちの笑顔を見ているだけでこちらもうれしくなってくるような、さわやかな時間だった。

2.8 ディーリー・レントン&アソシエイツ――「フットルーズ」な業界で

「フットルーズ（footloose）」という言葉がある。「束縛がない」「好きなところへ行けて好きなことができる」という意味である。仕事の世界で「フットルーズな業種」というと、建築、技術、コンサルタントなどの知識専門職の人たちで成り立っている業種を指す。

彼らは個人個人に知識や資格が備わっているし、さらに仕事を通じて得られた経験やノウハウはその人自身に蓄積されるので、一般に所属する会社組織へのロイヤリティは低く、転職しやすいと見なされている。

米国カリフォルニア州のディーリー・レントン&アソシエイツ（Dealey, Renton & Associates）は、まさにそのようなフットルーズな損害保険業界で躍進するコーオウンド会社である。一九五〇年創業の当初は製鉄業向けの保険販売を行っていたが、徐々に建設やエンジニアリング業界へと顧客先を拡大、現在では保険代理業に加えて種々のリスク管理業務を含む総合的なサービスを提供している。西海岸を中心に三つのオフィスを有し、社員数九〇名を擁する会社である。

同社は一九八五年にＥＳＯＰを導入して三〇％コーオウンドとなった。創業者のナイジェル・レントト

写真2.8-1 ディーリー・レントン＆アソシエイツの社員オーナーたち

ンは、自分の子どもに事業を継がせる気持ちはなく、事業承継の最善の選択肢としてコーオウンド化の道を選んだ。

コーオウンド化を進めると社員たちのモチベーションが向上し、業績もそれに連動して上がっていった。離職率は一%台にまで下がったとのことである。業界の平均離職率が一〇%であること、そして同社がフットルーズな保険業界で事業を行っていることに鑑みると、これは驚異的な数字である。

こうしてコーオウンド化と業務参画の好循環が始まり、それにともなって社員持ち株比率が上がり、そしてついに同社は二〇〇六年に一〇〇%コーオウンドとなった。

私は仲間とともに、カリフォルニア州オークランドのウォーター・フロントにある同社の近代的なオフィスを訪れた。若手からベテランまでの五人のスタッフが出迎えてくれ、長時間にわたってインタビューに答えてくれた。

ディーリー・レントンがコーオウンド化して、印象深いエピソードはあるかという質問に答えて、彼らは次のような話をしてくれた。

「ナイジェル・レントンがオーナー社長だった頃は、私たちのボーナスはナイジェルとミセス・レントンが決めていました。コーオウンド化後はすべての情報がオープンとなり、そしてボーナスの算定は取締役会が担うようになりました」

「社員株主組織を母体として複数のコミッティが活動しているので、経営に対するチェック機能も働くようになりました。経営陣が襟を正して経営に臨んでくれているという様子がリアルに伝わってくるので、信頼感が高まりました。やはり、コーオウンド会社のトップ経営者はひと味違います」

「ナイジェルが社長のポジションを生え抜きの社員であるアル・チェンに譲ったことはとても印象的でした。アルは二〇代で入社して以来ずっとディーリー・レントンに勤めてきました。社員株主組織の理事も務めた人物です。もしナイジェルがこの会社をコーオウンド化してくれていなかったら、あり得ない人事です」

私たちはあらためて、少し逡巡しながら次の質問を彼らに投げかけてみた。「損保業界はフットルーズな業界なのでしょう。『みんなで成果をわかちあう』というよりは有能な専門職が成功報酬型の給与でバリバリやるように見えます。その中で、ディーリー・レントンは間接所有型のＥＳＯＰ一〇〇％コーオウンド会社として活躍していらっしゃる。そのような会社の構造は損保業界の中で不利に働くことはないのですか。ディーリー・レントンは競合他社との競争にどうやって立ち向かっておられるのでしょうか」

業界や会社のあり方、そして彼ら自身の働き方にかかわる事柄なので、どのように反応してくれるだろうか、彼らの表情をこわばらせてしまうのではないかと、やや緊張をともなう質問だった。

しかし彼らは明るく、そしてとても自信ありげに答えてくれた。「たしかに損保業界はフットルーズな業界です。細川さんがおっしゃるようなビジネス・モデルを踏襲している会社が多い。しかし、専門職資格を持つ人たちがみんなフットルーズなわけではありません。自分の資格を基盤にして、じっくりと長く顧客に向き合いたい、仲間たちと助け合い、チームの一員としての「しごと」をしていきたい、安定した仕事を持ち、家庭やプライベートの時間も大切にしたい、という人も多いのです。ディーリー・レントンはそういう会社です。顔ぶれが変わらず、長きにわたって顧客に寄り添うのが私たちのスタイルです」

彼らによると、ディーリー・レントンがコーオウンド会社であることが、自動的に採用のスクリーニング機能を果たしているとのことである。つまり、フットルーズ型の人は応募してこない。同社が求めるような、責任感が強く安定性を求める人材が集まってくれるというのである。

彼らは「コーオウンド会社であること自体が一〇〇％人を選びます」と言い切った。特に役員クラスはまちがいなくそうで、てっとり早く手柄を挙げて何億円も稼いだ後に次の会社に移るような人材は、そもそもコーオウンド会社ではそのインセンティブがないので入ってきようがない。じっくりとチーム・ワークを尊ぶ経営層が入ってくる。コーオウンド・ビジネス・モデル自体が濾過器の役割を果たしているのである。

また、彼らは会社の組織についても「あたかも工場のように」ライン型の業務フローを構築して組織化したそうである。損保の仕事には、顧客との関係を築き、ニーズを発掘するアカウント業務、掘り出されたニーズに則してリスク評価と保険設計をするアクチュアリー業務、顧客の保険パッケージ管理、運用、損害発生時の保険金対応と、一連の流れがある。同社ではこの流れに沿ってオフィスも「コ」の字形に配置し、ライン同士の連携を持たせるように工夫している。

この、同じ性質や価値観を持った人たちを引きよせ定着させる、という性質がコーオウンド・ビジネス・モデルには備わっている。欧米の文献ではこの点を強調したものはなかなか見当たらないが、私が訪問したコーオウンド会社はみんな、意図的なのかそうでないのかは別としてこの性質を備えていたし、フルに活用もしていた。業務の形態がチーム・ワーク型か否かにかかわらず、みんな協力的で、長期的なものの見方をし、また仕事のスタイルも定着的なのである。

さらにその共通の性質の上に乗っかって、各社独自の豊潤なエトスが会社を覆っている。これがたまらない魅力なのである。「総がかりで顧客満足」のジョン・ルイス・パートナーシップ、「とにかくいい人の集まり」であるボブズ・レッド・ミル、「まわりのために一生懸命働く」S社（後述）、「みんなでいっしょに冒険しよう」というスポーツ食品のクリフ・バー（後述）、等など、訪問するのがたまらなく楽しい。そして各社ともに社員の笑顔があふれているのである。

ディーリー・レントン訪問時に窓口をつとめてくれたジョアン・マキシマは笑顔がやさしい、物腰やわらかなレディだった。彼女は私と仲間の訪問を快く受け入れてくれ、数人の社員たちを集めて何時間でも私たちの質問に答えてくれた。とてもきめ細かく私たちをもてなしてくれた。

ふと彼女の名刺を見ると、なんとチーフ・ファイナンシャル・オフィサー（CFO）、経理担当重役ではないか。米国ではこの役職は社長に次ぐナンバー2である場合が多い。彼女は大学を卒業してすぐにディーリー・レントンに事務職で入社、経理の業務を一から学んだそうである。そして今はCFOとなり会社全体の財務を司る。彼女は数年後に定年を迎えて仕事人生をまっとうすることになる。私が従来抱いていた転職を常とする米国の会社員のイメージとは真逆の人生だ。

ジョアンのたたずまいこそが、コーオウンド・ビジネスが育んでくれる人と仕事のエトスなんだな、という感慨を胸に私たちは同社を辞した。彼女と仲間たちを思い出すとき、いつもこのあたたかな感慨がよみがえってくるのである。*24

2.9 シャインズ社はどっち？

さて、シャインズ社の物語に戻ろう。物語はオーナー社長が突然「この会社を君たち全員にあげる」

と言い出したところから始まる。社長が株を社員たちに売ったのか贈与したのか、直接所有にしたのか間接所有にしたのかは記述していない。

日本ではコーオウンド・ビジネスに関する法制・税制はまったく整っていないので、社長が株を無償で社員にあげてしまうと、その価額によって社員は贈与税を払わなければいけない。一方、社長が「君たちにあげる」と言っておいて株を売りつけられたのでは、社員はたまったものではない。そうしてみるとシャインズ社は社員株式所有組織を編成した間接所有型で、株の移動にはなんらかの対価をともなっていたと予測することができる。

日本でコーオウンド・ビジネスを設計する際には、株式の移動方法とその対価に注意が必要である。また間接所有型にした場合の受皿組織にもいくつかのオプションがあり、それぞれにメリットと限界があるので注意が必要である。

「会社をあげる」言葉にすれば短いが、この行為には英米での様々な試行錯誤の上に成り立った知恵が詰まっている。私たちはいつでも、この豊潤な知恵の海に浴することができるのである。

3章　三種の神器

コーオウンド・ビジネスが成功するための三種の神器がある。それらは情報共有、プロフィット・シェア、そしてオーナーシップ・カルチャーである。

英米のコーオウンド会社を訪問していて、毎回各社の多様性にうれしい驚きをおぼえるのだが、同時にこれらの会社では共通して三種の神器がしっかりと踏襲されていることに気づかされる。

会社によってこの三つの進め方に差異があり、取り組み方にも強弱が見られる。さらに厄介なのは、たとえば三種の神器のうちのひとつがすでに血肉化されていると、「これに力を入れています」とは話してくれないことである。特にオーナーシップ・カルチャーがそうで、彼らにとって空気のようになってしまっている場合にその傾向が強い。

三種の神器のうちオーナーシップ・カルチャーは本書の冒頭から繰り返し登場しているが、他の二つとは性質が異なっており、そしてなかなか言語化しにくいものでもある。したがってオーナーシップ・

カルチャーについては、読者にその感覚をつかんでいただけるように以後の紙幅を多く費やさせていただこうと思う。

以下シャインズ社の物語に沿って、コーオウンド・ビジネスの三種の神器を解説していこう。

3.1　情報共有

コーオウンド化が始まったシャインズ社では、毎月役員が業績や営業計画を説明してくれるようになり、さらに財務に関するリテラシーを上げるための勉強会まで開くようになった。社員全員が会社のオーナーになったから、という理由だ。

コーオウンド会社でなくとも情報共有を熱心に実施している会社は多い。わざわざここで取り上げるほどのことなのかと、読者は思われるかも知れない。しかし、コーオウンド会社の情報共有はひと味もふた味もちがうのである。

ご理解いただくきっかけとして、経営陣が株主総会を年に一回ではなく毎月開く、という状態を想像していただきたい。ここでは「月次報告会」と仮称しよう。報告の相手が社員であり同時に株主であるので、月次報告会は「社員」を対象とする業務連絡会であると同時に、株主を対象とする株主総会の色彩を持つ。

月次となると、毎月の財務状況を報告するだけでなく、経営情報、営業情報も一段踏み込んだ開示が必要になってくる。そして聴衆である社員たちは、その経営動向が自分のプロフィット・シェアに直結するので、つまり利害に直結するので真剣である。質問の切っ先も鋭い。

一方でオーナーシップ・カルチャーが育まれている会社では、その経営状況に対する一喜一憂自体が「自分たちのもの」である。明らかに経営側の失策である場合は当然詰め寄られるが、何でもかんでも「経営が悪い」というように、ステレオタイプな「株主対経営者」「経営者対労働者」のような対立構造にはならない。

また、外部株主のように「一円でも株価や配当をあげるようにリストラしろ」というように短期収益一辺倒にもならない。自分たちがオーナーなのだから。そして経営陣は自分たちが選んだ代表選手なのだから。

オーナーシップ・カルチャーが育まれたコーオウンド会社の情報共有の場は、真剣だがあたたかい。

リテラシー、コンビニエンス、シズル

情報共有とオーナーシップ・カルチャーはニワトリとタマゴの関係にある。

コーオウンド化の初期段階では、社員たちには「自分たちがオーナーだ」ということがピンときていない。コーオウンド・ビジネスがどういうメカニズムで機能するのかも理解していない。社員の間で財

務諸表や経営情報に対するリテラシーにばらつきがある。したがって、この段階の月次報告会は、なにやら活気のない湿ったものになりがちである。

ふつうの会社の株主総会はむしろ湿っていて質問も飛んでこないほうがありがたい。「議事がスムーズに進んでよかったですね」というふうに片づけられる。コーオウンド会社では逆である。月次報告会や株主総会が湿っているということは、オーナーシップ・カルチャーが湿っている、育まれていないということである。これではコーオウンド・ビジネスのパワーが発揮されない。会社の業績も上がらない。湿っていては困るのである。

ここは経営陣や社員株主組織の理事たちの出番である。月次報告会や年次株主総会が活気あるものとなるように工夫をしていく必要がある。私はこれには三つの秘訣があると考える。リテラシー、コンビニエンス、シズルである。一つひとつ見ていこう。

リテラシー

リテラシーとはものごとの理解度である。社員の皆さんに会社の状況を理解してもらうには、皆さんのリテラシーが必要である。しかし、経営の状況、財務諸表、制度法律、業界の動向、国内や世界の政治経済などをまんべんなく理解できる人は多くはない。

特に会社情報の中で、損益計算書、貸借対照表といった財務諸表の読み方について苦手な人が多い。

損益計算書はわかるが貸借対照表はピンとこないというのが一般的な反応だろう。そこにＲＯＩ（投資収益率）とかＲＯＥ（株主資本利益率）などという英語が飛び交い始めると、ますます馴染めない。

社員のリテラシーを上げるために、多くのコーオウンド会社では月次報告会とは別に定期的な勉強会を開催している。会社の経営情報や政治経済の状況に加えて、コーオウンド・ビジネスのメカニズムの理解を深めるセッションが多く行われている。

ディーリー・レントン＆アソシエイツでは入社時にまとめてリテラシー・セッションを実施している。ジョン・ルイス・パートナーシップは教育に熱心な会社である。広範で多段階の教育プログラムを反復して社員に提供している。

後段で詳述する米国の栄養補給食品のリーディング・カンパニー、クリフ・バーではキャリア・デベロップメント・センターを設けて、経営にかかわる多方面な領域のクラスを運営している。興味深いのは、これらのクラスでは外部講師を招くだけでなく、社内の専門家たちにも講師を勤めてもらっていることである。

クリフ・バーには多くのアスリートたちが勤めている。トム・リチャードソンは世界的なロック・クライマーだが、若い頃は岩登りに忙しくて勉強しなかったし大学にも行かなかった。彼はクリフ・バーに入社した当初は荷造りなどの仕事に従事していたが、キャリア・デベロップメント・センターのクラスに熱心に通って勉強し、後に開発部門の主要プレイヤーとして活躍するようになった。

倉庫係として入社したブランドン・フロイドは、現在は経済、需要、競合他社などの複雑な分析を必要とする商品需要フォーキャストの仕事に従事している。[*25]

コンビニエンス

コンビニエンスとは、情報へのアクセスをしやすくしてあげる積極的な方策のことである。
ジョン・ルイスをコーオウンド化したジョン・スピーダン・ルイスは、情報流通が今ほど手軽ではなかった一九二〇年代に「ガゼット」という社内誌を発行して経営情報を伝え続け、社員たちのリテラシー向上を図った。あわせて経営と労働の間の分断が著しかった当時において、社員たちに誌上での積極的な意見具申と議論を促した。経営批判も奨励された。この伝統は大切にされており、「ガゼット」は現在でも発行され続けている。[*26]
ハーガでは特にコーオウンド化の初期において、社長のリチャード・チャタムが頻繁にランチ・タイム・トレーニング・セッションを開催し、社員株主組織の仕組みや理事の役割について丹念に伝えていった。[*27]
英国の産業用液体コンテナ・メーカーのUBHインターナショナル（UBH International Ltd.）は経営情報を常にイントラネットで社員たちに公開しており、いつでも情報にアクセスできるようにしている。加えて取締役会開催後には必ず「ツールボックス・トーク」という全社員への情報共有ミーティングを実施し、経営情報をわかりやすく解説、会社の現状や問題点を共有している。そこでは活発な質疑応答も交わされる。[*28]

シズル

情報共有にはシズル感の演出が必要である。「シズル」とは、もともと「ジーン」とか「ジュー」というような連続音を表現した言葉で、ステーキがジューッと焼けるときのおいしそうな音から連想して、臨場感や昂揚感といった意味で使われるようになった。

同じ情報共有をするにも、ただ経営情報を数字やグラフを並べ立てて伝えるのではなく、わかりやすく、身近に、各自の仕事に直結する連想を喚起する伝え方が必要である。その情報共有そのものに社員たちが参加して、ともに演出するのもよい方策である。たとえば社長の情報開示セッションの檀上に社員の代表が同席してリアル・タイムにQ&Aをしていくと臨場感がぐんと増す。

また、シズルの演出には「ファン（fun：たのしさ）」が欠かせない。会社の課題に取り組んだチームの発表をコンテスト化して表彰する、情報共有とギャザリングやティー・パーティを組み合わせる等など、その気になればアイデアは尽きない。

シズルの中で興味深い事例をいくつか紹介しよう。

ジョン・ルイス・パートナーシップでは毎年度、業績に応じて全員が等率のパートナーシップ・ボーナスを受け取るという仕組みをご紹介した。このボーナス・パーセンテージ発表の方法は全店舗同時である以外は、やり方を各店舗に任せている。ここが発表担当者の腕の見せ所である。ある店舗では大きな垂れ幕を作り、店の社員全員が集まるアトリウムに面した吹き抜けの最上階から垂れ幕をダーッと広げる。ある店は全員でカウント・ダウンして発表を待ち受ける。どの店もお祭り騒ぎになるそうである。[29]

米国のコーオウンド会社では株価当てゲームを実施するそうである。これは「ファン」であると同時に、社員の財務リテラシー向上にも役立っている。そして株価の上昇・下落は彼ら自身のパフォーマンスの成績表でもあり、ESOP受給者として退職金の金額に影響する。楽しくも真剣なゲームなのである。もちろん、株価をピッタリ当てた社員には賞品が当たる。[30]

ある会社では年度の利益額が目標を超えた場合、アニュアル・パーティのクライマックス・イベントとして、ステージ上で社長の頭をボウズにするそうである。[31]

これらのシズルは「スプーン一杯の砂糖[32]」とも呼ばれる。スプーン一杯の砂糖が社員たちのコーオウンド・ビジネスのメカニズムや会社の財務、戦略に対するリテラシーをグッとあげてくれる。

S社——社員を信用しきる

以上、情報共有について見てきたが、最後に一〇〇％コーオウンドの米国のエンジニアリング会社、S社の事例をご紹介しよう。

S社は毎週金曜日、全社員にランチをふるまう。これは本社だけでなく全国の支社でも同時に行う。本社と各支社はリアル・タイムの映像でつながっており、その場で情報共有セッションが行われる。ランチの会場は部外者の立ち入りが厳しく制限され、そこではかなりの程度の社外秘情報が全社員にシェアされるそうである。もちろん社員参画のセッションも織り込まれている。

私は同社訪問時に応対してくれたスタッフに情報共有の深度を訊いてみた。彼女によると、その情報を競合他社に持っていくとビジネスを取り逃がしてしまうリスクがあるほどのものまで開示されているそうである。

「そんなリスキーなことをして大丈夫なのですか」と問うた私に対して、彼女は次のように答えてくれた。「この会社は私たちの会社です。この会社の利益はプロフィット・シェアを通じて私たちの利益に直結しています。自分たちが損することを誰がしますか。今まで当社で情報漏洩による被害は一度も起こっていません」と言い切った。この会社は決して中小企業ではない。数千人の社員を擁する大会社である。

S社訪問は、情報共有とオーナーシップ・カルチャーのニワトリとタマゴ関係を見せつけられた体験だった。[*33]

3.2 プロフィット・シェア

コーオウンド・ビジネスの成功ための三種の神器、情報共有、プロフィット・シェア、オーナーシップ・カルチャーについての解説を続けよう。次はプロフィット・シェアである。

シャインズ社の物語では、社員たちはコーオウンド化初年度に「パートナー・ボーナス」を受け取った。利益額のうち投資や運転資金や負債の返済に充てるために内部留保する金額を除いて、それ以外の金額が社員たちに公平に分配された。その配分方法も明らかにされていて、従来の「お手盛り」や「あてがい扶持」とはまったく違う意味合いがあるのだということを社員たちは実感できた。

ボーナスは「もらう」ものから「稼いでわかちあうもの」へと質的に変化した。社員たちはこれを実感として受け止めたし、年度を重ねるごとにその感覚は深まっていった。

社員たちの日々の業務の中で、パートナー・ボーナスの存在が通奏低音のような効果を持ち続け、彼らの利益に対する向き合い方を具体的な行動レベルに落とし込む効果を生んだ。当初はてっとり早く経費の削減に目が向き、その後第三年度の業績不振がバネとなって、社員たちの姿勢は利益至上主義に向かった。

あわせて社員たちの間で仕事の質的な変化が起こっていった。ピラミッド型の指示・実行・報告・指示待ちというサイクルが変わり始め、「見せ筋」仕事も激減した。

三種の神器のうち、プロフィット・シェアはもっとも直截的な機能と効果を持っている。受け取り方が「会社からもらう」ものから「オーナーである自分たちが公平に分配するもの」にガラッと変わる。実際の事例を見ても、これは初めて実際に受け取ったときのインパクトが大きいそうである。そして受け取る回数を経るごとに体内化していく。

プロフィット・シェアのしくみがはたらき始めると、お仕着せの行動指針やトップ・ダウンの指示の多くが不要になる。「経費節減」「裏紙を使おう」などと号令をかけなくても、紙一枚の節約が自分のボーナスいくら分の増額につながるか、ある程度具体的に示されれば、人びとはそのように行動するようになる。この自律性効果は絶大である。だからこそ、プロフィット・シェアのルールとメカニズムは、あらかじめ明解に設定し、全員と共有しておくことが肝要である。

プロフィット・シェアを設計する

実際のコーオウンド会社では、どのようにプロフィット・シェアが設計されているのだろうか。

まず最初に決めるべきは、内部留保と利益配分を誰がどのように決めるかというルールである。会社が実現した利益のうち、まず一定額のキャッシュを内部留保する必要がある。このキャッシュは、会社の競争力と持続性の強化のための投資に、翌年度の営業費のための資金に、そして借入金の返済に充てられる。これがなければ、会社は短期的にも長期的にも立ち行かなくなる。

そして内部留保を差し引いた後の剰余金を社員間で分配する。この年度ごとの配分は経営トップが立案して取締役会にはかる方法が一般的である。内部留保と剰余金配当の配分は経営の意思決定の根幹に属する事項である。

コーオウンド会社の元祖、ジョン・ルイス・パートナーシップでは、取締役会でその年度の内部留保額を決める。そこからパートナーシップ・ボーナスの総額を算出し、その支給計画を従業員株主組織のカウンシル（理事会）に具申して承認を受けるそうである。[*34] ジョン・ルイス・パートナーシップでは会長から新人パートナーまで全員等率のパートナーシップ・ボーナスを受け取るので、毎年「年収の〇〇%」というふうに発表される。

二〇一三年三月のボーナスは一七%、二〇一四年は一五%だった。二〇一四年のボーナスが前年より低かったのは、ボーナスの対象となる二〇一三年度の税引前利益が前年度比四%のマイナスだったことに加えて、年金制度を以前より充実させたために、そこへの出費がかさんだのが理由とのことだった。[*35]

ここで注目すべきは、各年度のパートナーシップ・ボーナスがなぜその額になったのか、増加や減少の原因は何なのかをはっきりと公表していることである。これによって九万一〇〇〇人のパートナー（社員オーナー）たちは納得するわけである。

写真 3.2-1　スコット・バーダー　旧貴族の屋敷を本社にしている

　ボブズ・レッド・ミルのプロフィット・シェアはすごい。毎月支給なのである。しかもボブが自ら全員に小切手で手渡す。毎月利益計算して小切手を用意する裏方はさぞ大変だろう。

「なんでそんなことするの」と単刀直入に訊いたところ、ボブは満面の笑みで「手ごたえが全然ちがうんだよ」と答えてくれた。毎月支給は、たしかに臨場感に溢れている。受け取った社員は先月より多いか少ないかすぐにわかるし、自分のプロフィットと会社のプロフィットが直結していることを体感するのにこれほど効果的な方法はないだろう。

　そしてなによりボブは人好きである。彼はいつも社員たち一人ひとりとのつながりを持ち続けていたい。彼らへの感謝を直接伝え続けたいのだ。これもある意味強烈な、しかもあたたかみのあるシズルなのだろう。

　今まで月次プロフィット・シェアを渡せなかった月は、このやり方を始めてからの十数年間で、二〜三回しかなかったそうである。

私が見聞してきた限りでは唯一の例なのだが、英国の化学品メーカー、スコット・バーダー（Scott Bader）では等率ではなく等額の業績連動ボーナス制を実施している。会長から新人まで等額である。

この話を聞いて、私はちょっとびっくりした。「これでは偉くなるほど『責任の重さに比較して損だ』という不満は起きないだろうか」と質問したところ、社員持株会社（Scott Bader Commonwealth Ltd.）の事務局長スー・カーターは「プロフィット・シェアなんだから、公平に同じ額だけ分けるのが当たり前じゃない」と、平然と言ってのけた。

仕事や責任の軽重によるバランスは各自の給与額で調整されている、という割り切りなのだろう。スー自身も長年重い職責を担ってきたのだが、何のわだかまりもない涼しい表情をしていたのが印象的だった。[*36]

3.3　オーナーシップ・カルチャー

コーオウンド・ビジネスの三種の神器、情報共有、プロフィット・シェアを順番に見てきた。そして三番目にくるのがオーナーシップ・カルチャーだが、実はこれは先のふたつとは性質がちがう。

情報共有とプロフィット・シェアは施策であり、やると決めたら具体的に実行することができるが、オーナーシップ・カルチャーはそういうわけにはいかない。これは株を社員へ移動して所有構造の変更を実現し、そのうえで情報共有とプロフィット・シェアを実施し続けていくうちに、社員の間で、そして経営陣の間で醸成されていく気運や気風であり、それらが定着して育まれる文化である。オーナーシップ・カルチャーは育てる必要があるのである。

気運、気風、文化と言っても、それは何となく社内にただよう雰囲気程度のものではなく、オーナーシップ・カルチャーは会社の方向性、意思決定の基準、そして働き方を根本から変えてしまう、いわばプラットフォームとなるものである。その意味では、コーオウンド・ビジネスの中身そのもの、ど真ん中にある本質である。

成功しているコーオウンド会社に共通して見られるのは、社員の皆さんがイキイキとしていて、会社が笑顔で満ちあふれている様子である。そのイキイキとした笑顔を支えているのは何ですか、という質問に対して異口同音に「オーナーシップ・カルチャーだ」という答えが返ってくる。

オーナーシップ・カルチャーとはどういうものなのか。読者とともにじっくりと見ていきたいと思う。

オーナーシップ・カルチャーの萌芽

シャインズ社の物語を見てみよう。第二年度に入ったところで、「自分」はまわりを見わたして、何も変わっていないような、キツネにつままれたような気分になる。それはそうだ。コーオウンド・ビジネスは「どこでもドア」ではない。単に株式を社員所有に移動したからといって、突然、人も風景も会社も変わるわけはない。

　このキツネにつままれたような現象は、多くのコーオウンド会社で見られたようである。前出のハーガでは、コーオウンド化が実現した当日は記念イベントが開かれ、テレビ取材まで入ったが、翌日出勤した社員たちは職場が何も変わっていないことに戸惑いをおぼえた。[*37]
　チャイルドベースでは、社員は入社後給料の一部を積み立てて、自社株を買うことが求められる。一株の購入に対して会社が一株をプレゼントしてくれるのだが、それでも自分のお金を出して株を買うことにかわりはない。株券が手元にきたときにも「あ、そう……」程度の反応しかしようがない。ピンとこないのである。[*38]
　ピンとこなくていいのだ。ここからは社員株式所有とプロフィット・シェアの二つの「仕組み」が仕事をしてくれる。そして情報共有がその「仕組み」がどう働くのかを社員に見せるモニター装置の役目を果たしてくれる。「仕組み」が社員の間に共通の思考と判断基準をもたらし、行動の変化を促す。
　それは上からの号令によってではなく、単純な利害によってである。株式を社員に移動した後に最初の年度が過ぎ、プロフィット・シェアがされた時点で「仕組み」が効果を発揮し始める。
　シャインズ社では、初めて「パートナー・ボーナス」を受け取ったときに社員間に共通の思考が醸成され始めた。それは、今後のボーナスは上からのあてがい扶持ではなく、自分たちで稼ぎ出すものだ、という思考である。
　それはそのまま各自の判断基準に影響を与え、社員間の「共通の利害」となって定着した。「利益が上がれば自分と仲間たちのパートナー・ボーナスが増える」「ボーナスの算定・支給基準も制度開始時に明解に示されている。自分たちが影響株主なので、この仕組みが社長の気まぐれで撤回されることもなさそうだ」

単純明快な仕組みが単純明快に共通の思考を促した。それでは利益を増やすにはどうしたらいいか。「利益＝売上－原価－経費」だということはわかっている。売上を上げようという努力もしようと思うが、成果がすぐに出るわけではなさそうだ。しかし、経費は工夫次第ですぐに減らすことができる……というわけで、シャインズ社ではまず経費節減が励行されるようになった。

それも号令によってではなく、「気運」によってである。ここでの「気運」とは「共通利害がもたらす『言わずもがな』の共通行動とその様式」とでも定義したらよいだろうか。決して「雰囲気」程度のものではない。

続いて、もう少し複雑性を帯びた思考や行動が促されはじめる。コーオウンド会社では、残業は個人の収入が増えるので個人の利害には合致するが、経費が増えるのでまわりの社員の利害に反する。

もちろん、この構図はコーオウンド会社でなくても本来成立しているはずなのだが、一般の会社では社員たちは「会社」をある意味で「あっち対こっち」という茫漠とした対象として見ているので、このようなメカニズムは意識されにくい。「あいつが残業するなら俺も残業して稼ごう」などという共通意識が湧いてきたりする。会社の利益と自分たちの収入の間に多くのクッションが入っているため、利害の構図が存在しないように見えるほどあいまいである。

しかしコーオウンド会社では「仕組み」があからさまなほどに透明なので、会社と社員の間の利害の構図が明らかである。どこにもクッションが仕組まれていないこともわかる。

残業という身近な事象についても「個人」と「会社＝みんな」の利害があからさまになる。それはそのまま個人に対する暗黙のプレッシャーとしても作用する。「考えてみれば、みんなが残業しなくなればボーナスとして返ってくるんだから得じゃないか。そのうえ早く帰ってプライベート・ライフを充実させることができる」このようにプレッシャーとインセンティブが組み合わさって、全社的なムーブメントを起こしてくれるようになる。

そこで残業せずに仕事を仕上げるにはどうするかという「気運」が業務の見直しを社員に促す。ここにも共通の思考と判断基準が働くので話が早い。各自、自分の仕事を稼いでいる時間と稼いでいない時間に分けて見るようになる。もちろん稼ぐために必要な「稼いでいない時間」もある。が、それは何とか効率化しようとするし、そうでないものはすぐにスクラップする。報告のための報告はなくなる。「見せ筋」仕事は早晩無意味なものとなって雲散霧消する。

仕事のスタイルが変わる

シャインズ社では、コーオウンド・ビジネスの仕組みがもたらす「自分たちの稼ぎが自分たちの収入に直結する」というメカニズムが共通の思考と判断基準を生んでくれた。それは共通の行動となって発現された。

ここまでは単純明快でいいのだが、「稼ぎをわかちあう」という仕組みについては、慣れが必要である。人によってはその人自身の働き方のパラダイム転換まで必要になってくるし、どうしても慣れることができない人も出てくる。「稼ぎをわかちあう」ことが整合するためには「仕事をわかちあう」ように変化させる必要がある。

シャインズ社では同僚の曽呂田がこれに苦しんだ。曽呂田のような人物は、個人能力主義が跋扈している現代の会社社会ではむしろエリートだろう。彼は機関車のようにバリバリと仕事をし、グイグイと部下を引っぱってきた。彼にとってはそのやり方が会社への貢献であり、リーダーシップであり、自己実現の道筋だった。上司の評価も高かった。

ところが会社のコーオウンド化とともに、仕組みが変わってしまった。その仕組みのもとで曽呂田が従来通りのソロ・プレイヤー的な仕事をしていても誰からも責められることはないのだが、曽呂田自身の中で不条理感が湧いてきて止まらないのだ。これはつらい。

さいわいと言っては語弊があるが、曽呂田は息子さんの怪我事件をきっかけに「仕事のわかちあい」スタイルに目覚めていく。このスタイルが体内化するには時間がかかるだろうが、有能で人格も高潔な曽呂田なので、「気運」になじんでいくにつれて、新たなスタイルのリーダーシップを発揮してくれるようになるだろう。

現実のコーオウンド会社でも、馴染み方の個人差がかなりあるようである。それは個人の性格の面でもそうだが、たずさわる職種が持つ特徴も影響する。

情報共有の項で米国のエンジニアリング会社・S社の事例をご紹介したが、ここを訪問したときに会った同社社員との会話が、この個人とコーオウンド会社のスタイルの折り合いという面についての気づきを与えてくれた。

彼女はS社に入社して一年たったところだった。彼女は広報の専門家であり、S社に入社する前は主に西海岸の数社で広報のキャリアを積み、一時は独立もしていたそうである。

広報の仕事は相当程度個人技に属する。また米国では広報業務のなり手が多い一方、ポストの数は不足しており、非常にコンペティティブな職種だそうである。彼女の過去の勤務先でも同僚はライバルであり、牽制や足の引っ張り合い、手柄の奪い合いが日常茶飯事だったそうである。

また他部門の人びとから見ると、自分の業務の手を止めて広報担当者からの質問への回答や情報を、社外秘事項をスクリーニングしたうえで提供せねばならない。広報担当者は「余分な仕事を持ち込む厄介者」として扱われるのが常だそうである。

しかし、S社では勝手が違った。彼女は「正直S社に来て戸惑いどおしだったし、一年経った今も戸惑いが完全に払拭されていないかもしれない」と打ち明けてくれた。何に戸惑うのかというと、彼女が長年培ってきたプロフェッショナリズムに裏打ちされた理論武装や業務への向き合い方の作法が、S社ではまったく不要であったり、通用しなかったりするというのである。

S社では広報部門でも「個人の手柄」は存在しないので、同僚はライバルではなく仲間であり、驚くほど情報がオープンで協力し合う。技術部門に外部からの質問を投げかけても、顔も知らない電話口の人が仕事を中断して答えを探し出してくれる。たまたまその電話を取った人が部門長であることも多いそうである。

S社の人たちは部門も役職も関係なく助け合う。ともに会社をよくしようと協力を惜しまない。私は感動して「すばらしいオーナーシップ・カルチャーですね。とても働きやすい職場なんでしょうね」と素直に感想を述べた。しかし、応対してくれた彼女の表情は複雑なのである。そして口をついて出たのが前述の「とまどい」の吐露だった。

私は彼女の複雑な表情を見て、彼女には二層の戸惑いがあるのだなと推察した。

一層目はプロフェッショナリズムに裏打ちされた所作に基づく戸惑いである。S社のように「オープンに助け合う」職場は稀有である。通常は彼女が話してくれたように、コンペティティブな環境の中で自分の職務遂行能力を証明していかねばならない。そこでは情報を開示するかしないか、その業務をつかむべきか否か、相手の足を引っ張らないにしてもいかに引っ張られないように自衛するか、いかにボスに手柄を渡しつつ自分をアピールするか、どのようにギブ・アンド・テイクを用意して必要な情報を入手するか等など、反射神経に近いような所作、いわばビジネス・プロフェッショナルとしての鎧をまとっている必要がある。

　この所作がおそらくS社ではことごとく機能しなかったのだろう。身についた所作は一朝一夕で払拭できるものではない。S社入社後一年たってもついその所作が出てしまう。彼女はそのときの戸惑いを気まずさとともに思い出していたのではないだろうか。

　二層目の戸惑いは、オーナーシップ・カルチャーが暗黙に要求する「人間のスタイル」に対するとまどいである。私は英米のコーオウンド会社を訪問して、各々独自でありながらも共通して持つオーナーシップ・カルチャーに触れ、憧憬を感じてきた。

　しかし同時に感じたのは、オーナーシップ・カルチャーには「協働」「わかちあい」を受け入れるタイプの人とそうでない人を自然と峻別する機能も存在するのだろうということである。誰でも人に協力すること、わかちあうことはいいことだと思うだろう。しかしそれが血肉化されるかどうか、そういう環境が水に合うかどうかは別の話である。

　S社の彼女は自分が人格としてオーナーシップ・カルチャーになじめるのか否か、一年間悩み続けてきた。この二層のとまどいが複雑に絡み合う中で、彼女はS社の水になじめるのかどうかを自身に問い続けているのだろう。

ジョン・ルイス・パートナーシップに三〇年勤務した人物から話を聞いたとき、彼女は同社の「パートナーシップ・ウェイ」と呼ばれるオーナーシップ・カルチャーについて「なじめる人となじめない人がいる。なじめない人は自然と辞めていく」と語っていた。ジョン・ルイス・パートナーシップでは入社後三年間の離職率が高いそうである。逆に三年間つとめた人の多くは終身雇用に近く同社に勤める。ここでもオーナーシップ・カルチャーが自然な峻別機能を働かせていることが推察できる。

シャインズ社の曽呂田のエピソードについては、これらの知見をもとに描写をした。英米と異なり、日本の会社は一般的に同僚との親和的な関係を結びやすい環境にある。この意味でもコーオウンド・ビジネス・モデルは日本に親和性の高いモデルだと考えられるのである。

シャインズ社ではコーオウンド化第二年度のなかばあたりから、自然とワーク・スタイルが変わり始めた。各自の思考と行動が「稼ぎ」に集中してきたので、自分の判断で最適を求めて仕事をするようになってきた。その分報告と指示が減った。上長の者の仕事は全体の方向性を示す以外は調整が大半を占め、管理者もプレイヤーとして動き始めた。第五年度になると、社長の仕事も「王政」から「大統領制」へと変質を迫られるようになってきた。

助けあう、応援しあうワーク・スタイルが自然発生的に定着してきたので、自分の主業務ではない業務、つまり仲間の業務に参画するようになった。つまり、仕事のフローが縦割りではなく、横割りのプロジェクト・チーム型に変質してきた。こうなると今のピラミッド型の組織がそぐわなくなってくる。シャインズ社ではオーナーシップ・カルチャーに則して組織を改編する「気運」が高まってきているようだ。

実際の組織運用では、気運の醸成と足並みを揃えて、というか半歩早めに、会社の仕組みを変えるという人為的行為も必要である。

社長も変わらないと

会社がコーオウンド化していく中で、オーナーシップ・カルチャーの醸成と真逆の動きをしなければならない人がいる。そう、社長である。

シャインズ社の物語では、コーオウンド化第五年度になって、手持ちぶさたで困っている社長の様子に触れた。以前はありとあらゆることについて意思決定をせねばならず、返す刀で社員たちにハッパもかけねばならず、忙しい毎日だった。

しかし、今では重要案件以外の意思決定はどんどん現場がやってくれるし、ハッパをかけるなど思いもよらない会社の活発さだ。とてもありがたいことなのだが、どう身を処していいのかわからない。

コーオウンド化のプロセスで、オーナー社長はいくつかの役割を同時に演じる必要がある。しかもそれらの役割は、時間と持ち株比率の推移に合わせて内容を変化させていかねばならない。加えて自分自身の会社に対する思い入れがある。「自分の会社」を名実ともに「みんなの会社」に軸足移動していかねばならない。なかなかの難題である。

オーナー社長が演じ分けねばならない役割は、少なくとも三つある。それは社長としての役割、オーナーとしての役割、そしてオーナー家の代表としての役割である。私はこれを「所有の『承継』」と「経営の『継承』」と定義づけて分析し、オーナー経営者の方々にアドバイスをしているのだが、ここでは会社の中での社長としての身の処し方に集中して見ていこう。

オーナー社長の九九％がトップ・ダウン型である。オーナー会社でなくてもトップ・ダウン型は多いのだが、オーナー会社は特にその度合いが著しい。事例でも見ていただいたように、これをボトム・アップ型に変えていかなければならない。そうしなければ、せっかくのコーオウンド化のパワーとメリットを引き出せない。

英米の調査で、コーオウンド会社のパフォーマンスがそうでない会社と比べて、成長率、利益率、社員の定着率、会社の持続性ともに優位にあることが示されているが、そのパワーの源泉はオーナーシップ・カルチャーとそれをベースにした社員参画以外にない。

このボトム・アップ、よく見ると二つの段階がある。業務レベルの社員の参画と、経営意思決定にまでさかのぼる社員の参画である。まず、前者が必須であるのは事例をお読みいただいておわかりいただけると思う。

後者については単純に「こう」と決めつけることはできない。ただし、「経営の専管性」は必須である。経営を民主主義にしてしまったら、たちまち会社は立ち行かなくなるだろう。ヨーロッパで起こった初期の労働者協同組合はこの罠に陥った。

経営は「委任」であって「民主主義」ではない。専管的に進めないと経営は立ち行かない。しかし、それは社員の考えや意見をよく汲み取ったうえでの専管的な経営の意思決定である必要がある。この加減が難しく、実際のコーオウンド会社においても対応は千差万別である。

経営の意思決定への社員オーナーの関与のしかたとして、社員オーナーの代表者を取締役会メンバーにするという手法はわりとよく見かける。ジョン・ルイス・パートナーシップはそうしている。同社は加えて、前述のように高度に洗練された経営の専管性と、所有、つまり社員オーナーによるガバナンスを設計している。

さて、社長に話をもどそう。キー・ワードはただひとつ、「任せる」ということである。かつその任せ方は、社員持ち株比率の変化とオーナーシップ・カルチャーの醸成度合いに合わせて、というか半歩早く、レベル・アップしていく必要がある。

シャインズ社の社長はがんばって「任せる」ことを励行しているようだが、内心そうとう心配だろうし、我慢していることだろう。

みんながオーナーシップ・カルチャーを一生懸命育んでいる最中に、社長はひとりオーナーシップを多重的に手放していかねばならない。社長としての経営意思決定のオーナーシップも、オーナーとしてのガバナンスのオーナーシップも、そしてオーナー家としての所有のオーナーシップもである。社長はどこまでも孤独である。

社長がオーナーシップ・カルチャーを台無しに

社長がオーナーシップ・カルチャーを置き去りにした失敗例があるのでご紹介しよう。

全米エンプロイー・オーナーシップ・センターのアドバイスを受けているX社の社長は典型的なアメリカンCEOで、意思決定が早く時間の無駄を徹底的に排除するタイプの人物だ。

X社では二日間の全国会議を催行し、全米から二〇人のシニア・マネージャーを集めた。社長はこの会議から最大限の成果を引き出したかったので、限られた会議時間にたくさんの議題を詰め込んだ。

さらに会議二日前になって、新たに「会社のミッション・ステートメントを作る」という議題を提案した。事務局はあわてたが、なんとか時間をやりくりして、三〇分間をこの議題に充てた。

会議が始まった。それぞれの議題は予定より少し時間を食った。社長は昼食の二五分前になって、突然「この会社はいったいどういう存在なのか」とマネージャーたちに問うた。「当社としてこれだけは譲れないというものは何なのだろう」と。

会議の他の議題は新しいマーケティング・キャンペーンや社員サーベイのおそまつな結果について、というものだったので、社長のこの突然の問いかけは場違いな感じがした。

マネージャーたちはこの唐突さについていくのに数分を費やしたが、それでも徐々にアイデアを出し始めた。それからの二〇分間、ようやく議論にはずみがついてきて、彼らはいくつかの重要な質問を投げかけはじめた。

マネージャーたちは社員たちのエンパワメントが必要だという問題意識を共有した。そしてそれに対しては、会社が課している厳格な品質基準、中央から一方的に指示してくる納期や生産性の基準などが社員の姿勢をかたくななものにしてしまっている、という問題点を洗い出した。続けて、マネージャーたちは社員満足と顧客満足の関係性について議論を始めた。彼らはまた社員教育の必要性を強く感じていたが、それを就業時間外で実施することの難しさについても議論した。議論は興味深い進展を見せた。

社長はいらだたしげにメモを取っていたが、マネージャーたちに議論の礼を言い、そして昼食会場へと移動した。

昼食後、再び唐突に社長が話を切り出した。彼はマネージャーたちの議論を取りまとめてミッション・ステートメントに集約したと告げ、それを誇らしげに読みあげた。

マネージャーたちは驚きを隠さなかった。彼らはこれから議論が本題に入ると考えていたのに、社長はもうミッション・ステートメントを書き上げて、それを外部デザイナーへ校正に出していた。それをそのまま数千人の従業員に配布するというのだ。

ステートメント自体は悪い内容ではなかったが、マネージャーたちの参画は完全に遮断され、そこにはオーナーシップ・カルチャーのかけらもなかった。ましてや何も知らずに突然ミッション・ステートメントを配布される社員たちは何をかいわんやである。[*39]

こうしたエピソードは日本の会社にお勤めの読者には「コーオウンド会社じゃなくても、それはいかがなものか」と思われるだろうが、このような場面は欧米の一般的な会社ではわりとよく見かける。日本の会社でも欧米の影響のせいか、だんだん珍しくない経営スタイルになってきているようだ。しかし、これをコーオウンド会社でやったら台無しだということは、言わずもがなでご理解いただけることと思う。

コーオウンド化をやると決めた社長には、「オーナーシップ」を段階的にリリースしていくことが求められるのである。

4章 会社が変わった！

前章では、会社がコーオウンド化していくプロセスをご説明した。社員が大株主になるという基本構造に乗せて、情報共有とプロフィット・シェアという施策を稼働させる。そうすると組織の中でも個人の中でも独特な「化学反応」が湧き起こり、それが共有されてオーナーシップ・カルチャーが醸成されていく。オーナーシップ・カルチャーの気運、気風、文化が人びとを導いて、会社の事業のスタイルにも個人の仕事のスタイルにも変化をもたらす。それは社長のスタイルにも変化を促す。

その結果、会社はしなやかで強い会社に変貌してくれる。本書の冒頭で、コーオウンド・ビジネスは「ふつうのビジネスより利益も成長率も高くて、しかも社員がみんなハッピー」だとお伝えした、そのからくりはここにある。本章ではオーナーシップ・カルチャーがどのように人びとのワーク・スタイルを変えたか、そのために会社はどのような手を打ったのか、そしてそれがどのように組織まで変えたのかを見ていこうと思う。全米エンプロイー・オーナーシップ・センター（NCEO）の創立者コリー・ロ

写真 4-1 NCEOのコリー・ローゼン（左）とローレン・ロジャース（右）

ーゼンと代表ローレン・ロジャースの共著『Fundamentals of Ownership Culture（オーナーシップ・カルチャーの基本）』に、ゆたかな事例が数多く紹介されている。いくつかを抜粋してご紹介しよう。

4.1 フェルプス・カウンティ・バンク——問題ぶっ飛ばし屋プロジェクト

フェルプス・カウンティ・バンク（Phelps County Bank）は米国ミズーリ州のローラという小さな町に位置する一店舗だけの地方銀行である。同行は一九六三年に設立、ひとりのオーナーが所有してきたが、一九八〇年にＥＳＯＰを導入、一九九三年には一〇〇％コーオウンドとなった。当初二四人の行員で始めた事業は現在では七五人を擁するまでに成長してきた。

もともとトップ・ダウン型のマネジメントをしていたフェルプスだったが、コーオウンド化をきっかけとして熱心に情報共有と教育プログラムを推進した。毎月スタッフ・ミーティングが開かれるが、その場は同時に業務トレーニングの場としても活用される。また、そこでは各部門の現状と課題が活発に披露され、討議される。月次ミーティングとは別に、ＥＳＯＰ制度や会社の財務について詳しく学ぶプログラムが定期的に催行されているし、またお祝い事のイベントや、仕事に関連したゲーム大会なども頻繁に開催される。こうして育まれたオーナーシップ・カルチャーを基盤として、フェルプス銀行では多くの社員参画プログラムが同時進行している。

最初の試みは「プロブレム・バスター（問題ぶっ飛ばし屋）」という組織を作ることで始まった。まず経営陣が社員を部門横断でメンバーを選抜したコミッティ（委員会）を組織して、銀行内にころがっているアイデアや問題を集めてもらった。その際、問題解決の方法は考えなくてよいこととした。

コミッティはこれら収集した情報を全社員に回覧し、行員たちからのフィード・バックを受けて、それを取りまとめた。そうして問題解決の方法が見つかったものについては、その場で実行に移した。それが全社的な事柄だった場合は推奨案として提案され、経営陣がそれを受け止めて実行に移した。解決策が出なかった問題は、繰り返してこのやりとりの仕組みに乗せられた。

この「プロブレム・バスター」の仕組みが回されているうちに、行員たちには自律的に問題を見つけて解決する癖がついてきた。それは個人で解決することもあれば、インフォーマルなグループを募ってなされることもあった。こうして自律的ワーク・スタイルが定着したため、プロブレム・バスター・コミッティはやがて不要となって解散した。

当初は経営陣の主導で実施された業務参画や教育のプログラムは、今では社員の自律性に任され、社員株主組織がこの任に当たるようになった。フェルプス銀行では、行員たちが仕事を通じてディシジョン・メーカーになっていったのである。

この地域に大手銀行が二行進出してきた。資本力にもブランド力にも圧倒的な差があったが、フェルプス銀行は自律の力で対抗、常に競合銀行を凌駕し続けている。同行は二〇〇八年にウォール・ストリート・ジャーナルに、全米で最も働きやすい会社ベスト15に選ばれた。[*40]

4.2 スコット・フォージ——トップ・ダウンからボトム・アップへの転換

スコット・フォージ（Scot Forge）は一八九三年にシカゴで創業された金属鍛造メーカーである。金属鍛造はハード・ワークを要する仕事だが、同社では社員を大切にする環境の中で、五〇〇人の社員が活発な業務参画にいそしんでいる。

スコット・フォージは一九七八年にESOPを導入し、一九九七年に一〇〇％コーオウンド化されたのだが、一九九〇年頃は未だトップ・ダウン型の経営スタイルだった。

当時の社長は、会社の構造が社員たちの参画を促すようにできていないことに気づき、カイゼン運動コンサルタントを招き入れた。コンサルタントは社員を選抜してカイゼン・チームを編成し、工場内の清掃と整頓をさせた。

チーム・メンバーたちは気乗りがしない様子だったが、その仕事をやり遂げた。しかし、工場がきれいになって間もなく再び物が散らかり始め、もとの木阿弥に帰してしまった。このチームの仕事は完全な失敗に終わった。経営側のアプローチもトップ・ダウン型だったし、受け止める社員たちも「上から言われたこと」を淡々とこなしただけだったのである。

経営陣はめげずに、今度は外部コンサルタントに頼らずに自ら新しいチームを複数編成し、カイゼン活動を続けた。

そうしているうちに最初の成功例が社員のアイデアから出てきた。ノコギリ製造部門の社員たちが、なぜこの部門だけ顧客からのクレームが多いのか、その原因をつきとめるチームを編成したのだ。彼らは製品の欠陥が製造工程に起因するのではなく、ある種のノコギリの仕様に問題があることを発見した。彼らは仕様を調整して問題を解決した。この一連の過程に上長は一切関与していなかった。

この成功例を見て、経営陣はチームがきちんと機能するには社員たちがその気にならないといけない、ということに気づいた。経営陣が「この問題解決のためにこのチームに入ってくれ」とタスクをあてがうのではなく、社員が自分たちで問題を発見するほうがはるかにうまく事が運ぶのだ。

ノコギリ・チームの成功が刺激となって多くの社員がアイデアを出し始めた。

機械部門のチームは、調達した部品の在庫を適正に管理するために在庫管理室が必要だと考えた。チーム・メンバーたちは在庫管理室を設営するのにいくらの経費がかかるのか、そしてこれによってどれだけの経費を節減できるのかを割り出して、実行に移した。

安全管理チームは会社が何件の事故を起こしているかを調査した。彼らは外部コンサルタントの研修を受けて、工場で発生した事故の分析方法やそれをどのように現場にフィード・バックするかについて学んだ。そして彼らが学んだことを現場の一人ひとりに提供しようと、研修をし始めた。

現在では社員全員が安全管理のノウハウを持つようになった。社員たちは毎月持ち回りで工場全体の安全監視と問題抽出を定期的に行っている。このおかげで、事故による稼働ロス・タイムを二四〇〇時間削減することができ、年間事故率を四二％低減させた。

社員たちは、プロジェクト・チームの仕事がうまく行くためにはどのようなグループ・プロセスを踏んでいけばいいのかを体得していった。

まずグループごとに具体的で到達可能なゴールを設定する。そのゴールは計測可能であることが必須である。「工場をきれいにする」というような計測不可能なゴールは無意味である。チームが課題に取り組んだ後に、フィード・バックのプロセスを織り込み、どの行動が効果的だったかを評価する。

タスクの内容によって、あるチームは問題解決したら解散するが、安全管理のように継続性のあるタスクについてはチームもずっと継続していく。

この社員参画をバック・アップするように、経営陣は情報共有をいっそう励行した。会社の財務情報をわかりやすく、そして詳細に社員に提供するようにして、また月次ミーティングでは社員が会社の現状を把握しやすいように工夫をしている。あらゆる機会と媒体を通じて社員とのコミュニケーションを活発に維持している。

こうしてスコット・フォージでは、自律的プロジェクト・チームによる仕事のしかたがすっかり定着した。同社のオーナーシップ・カルチャーとそのカルチャーを育む不断の努力が、この「仕事の作法」を生んだのである。[*41]

4.3 プール・カバース──「ファン」経営

プール・カバース（Pool Covers Inc.）はカリフォルニア州リッチモンドにあるスイミング・プール用安全カバーの設置業者である。同社は一九八四年にフルタイムの社員一人、アルバイト一人だけの小さな会社としてスタートしたが、一〇年後の一九九四年には一四人の社員で三〇〇万ドル（約三億七九〇〇万円[*42]）の売上を上げるまでに成長した。

一九九七年、創業者のビルとボニーは会社を社員たちとの共同所有にするのによいタイミングだと判断した。この頃にはすでに社員たちと情報共有を進めていて、彼らは会社の財務状況もよく理解していた。会社をコーオウンド化するのは自然なことに思えたし、また夫妻の引退の準備ということも視野に入れるようになった。

彼らはまず一〇％の株を移動してコーオウンド化を始めたが、その後六年間は持ち株比率をそこにとどめて、会社の成長に努力を傾注した。おかげで同社は二〇〇二年には三〇人の社員で五〇〇万ドル（約六億三一〇〇万円[*43]）を売り上げ、税引き前利益四％を計上するようになった。

それから二年かけてビルとボニーは引退の準備をした。クレア・キングを後任社長に任命し、会社に顔を出すのを月に一回にまで減らした。

米国ＥＳＯＰの仕組みでは、会社がオーナー株を買い取って社員に供与していくので、その原資は利益から捻出することになる。さいわいプール・カバースは順調に利益を計上し続け、おかげで社員所有比率が四九・五％にまで上がってきた（二〇一一年時点）。

そこに危機が訪れた。二〇〇八年のリーマン・ショックがプール・カバースをも直撃したのである。住宅市場が冷え込み、そのためプールの需要も激減した。

何人かの社員をレイオフせざるを得ない状況に陥った。これに際してプール・カバースは単純でラジカルな方法をとった。ボランティア、つまりレイオフに名乗りを上げてくれる人を募ったのだ。もちろん誰も名乗り上げたくはなかったが、何人かが手を挙げてくれた。そのうちの一人は「自分には支えるべき家族がいないので手を挙げるべきだと思った」と言って、進んで手を挙げてくれたのだった。

不況の間、社員たちはいっそう経費節減と新しい収入源の発掘に集中した。二〇〇九年は赤字だったが、二〇一〇年には、最悪の市場環境にもかかわらず同社は相当額の利益を計上することができた。

ビルは、同社の不況にも耐え抜いた力の源泉は情報共有にあると言う。社員たちは厳しいときに会社の財務状況をよく把握し、わが事として仕事に向かったのだ。

プール・カバースでは毎月全社員を対象に会社の財務情報と経営状況の報告会を行っているが、これは社員が持ち回りでプレゼンテーションをする。また毎週社員集会を行い、抱えている課題をシェアして解決方法を議論する。

これらの集会を通じて、社員たちから自身の目標値が提案され、これらをマネージャーが集計した数値が実際に同社の経営目標として設定される。一般の会社とは真逆の経営目標設定のプロセスである。

また社員株主組織が主体となって、ＥＳＯＰの仕組みや会社の財務リテラシー向上の研修を定期的に開催している。社員はこの研修を受けた後試験を受け、小論文を提出する。合格した社員は「ＣＥＯ（Certified employee-owner：認定社員オーナー）の称号を受ける。

「最高経営責任者（CEO：Chief Executive Officer）」をもじった「ファン（fun）」なタイトルである。初めて同社を訪れた人は何人もの「ＣＥＯ」に自己紹介されて、さぞ面食らうことだろう。

プール・カバースはまた、「ミニ・ゲーム」という手法も取り入れている。これは、たとえば「クレームの電話件数を減らす」など特定のゴールを決めて全社的に取り組み、そして決められた期間内にゴールに到達したらお祝いをして、全員がボーナスか賞品をもらう、というものである。

大がかりなものとしては、会社の税引前利益がターゲットをクリアしたら、全員にボーナスを支給するというゲームだった。同社はこれと別に、四半期ごとの業績連動ボーナスを支給している。

ビルは、プール・カバースを強くしているのは、まちがいなくコーオウンド・ビジネス構造であり、オーナーシップ・カルチャーだと言い切る。そして「このほうがずっとファン（fun）だ」と付け加えることを忘れない。[*44]

4.4 クイック・ソリューションズ——湿ったオーナーシップ・カルチャーを元気に

クイック・ソリューションズ（Quick Solutions Inc.）は法人向けにＩＴ環境構築やネットワーク・セキュリティを提供する、オハイオ州のＩＴコンサルタント会社である。一九九九年にコーオウンド化を導入、現在二五〇人の社員による三四％コーオウンド会社である。

同社は情報共有を二〇〇〇年から始めたのだが、この当時は経営陣と社員たちの間に不信の壁が立ちはだかっており、決していい雰囲気ではなかった。ＣＥＯのトム・キャンベルはこの壁を切り崩すには情報共有を徹底するしかないと考え、会社の情報をあふれるほど、それこそ社員たちが「もういい」と言うまで提供し続けた。

現在、社員は全員毎週のミーティングに集い、経営情報、売上目標と現状、目標値との乖離とその理由などの説明を受けている。

キャンベルは「時勢が厳しいときこそ、社員たちと情報を共有し続け、会社がなぜ、どのような手を打っているのかを説明し続けることが大切です」と力説する。

キャンベルは続けて「ミニ・ゲーム」を導入した。各チームがゴールを設定し、チーム内の誰がどのアクションを取るかを決めた。コンサルタント・チームには顧客利用度、管理チームには経費削減率というように、部門ごとに目標数値を設定した。目標は必ず計測可能な数値とした。

二〇〇八年、同社はセールス・チームに対して「ミニ・ゲーム」のゴールを提案した。もしチームが売上高ターゲットを達成したら、チーム・メンバーと配偶者をスパでのウィーク・エンドに招待するという賞品もつけた。年度末、チームは目標をみごとに達成した。しかし、そこで予期しないことが起こった。

チームの全員がスパへの招待を辞退したのだ。

彼らは目標を達成したが、不透明な経済状況の中で歯を食いしばってがんばっている他部門の仲間たちのことを考えると、自分たちだけ招待を受けるわけにはいかないと、全員の意見が一致したそうである。不信感が漂っていたクイック・ソリューションズの社内でオーナーシップ・カルチャーが花ひらいた瞬間だった。

クイック・ソリューションズには現在、社員たちの団結を象徴する事象がたくさん存在する。たとえばボーナス・プログラムでは、社員たちの給与額に連動させるのではなく、総労働時間に連動させてボーナスを分配する。そこには「社員一人ひとりの貢献がみんなを支えているのだ」というメッセージが込められている。

また同社では社員たちの自薦によって、四半期ごとに全社的なコミュニケーション・コミッティが組織される。これは会社の正式な組織なのだが、その目的はインフォーマルな社員たちの会話を促進して、全社の社員からクリエイティブなアイデアを出してもらおうというものである。

キャンベルは「当社にとってオーナーシップ・カルチャーとは『そこにあるもの』ではなくて、『私たちが何をするか』という行動そのもの、プロセスなのです」と述べる。「今何が起こっているのかを人びとに真摯に伝えると、びっくりするような成果となって返ってくるものです」

世界中の会社員と同様に、クイック・ソリューションズの社員オーナーたちも経済環境の不透明さに直面している。このような状況下、他社の人たちは将来だけでなく、今何が会社で起こっているのかを疑心暗鬼とともに想像せねばならない。しかしクイック・ソリューションズの社員たちは違う。自分たちの会社が今どのような状態にあるのか、今後のトレンドはどうか、成功と失敗の境界線はどこにあるか、そして会社を強くし続けるために各自がどう貢献できるかを、正確に知っているのである。[*45]

4.5 W・L・ゴア&アソシエーツ――あのゴア・テックスの会社がすごい

自由で自律的なワーク・スタイルをそのまま組織のあり方に昇華させてしまったすごい会社がある。スポーツ衣料などに広く使われている防水透湿素材「ゴア・テックス」で有名なW・L・ゴア&アソシエーツ（W. L. Gore & Associates）である。年商規模は三〇億ドル（二〇一〇年、約二七〇〇億円[*46]）。

あまり知られていないが、オーナー家と社員のみを株主とするコーオウンド会社である。社員は「従業員」ではなく「仲間」を意味する「アソシエイト」と呼ばれる。ゴアではコーオウンド化を始める以前の一九六〇年、創業四年の時点でプロフィット・シェア制度を始めた。

同社は役職もなく管理者も存在しない完全にフラットな組織を維持している。八〇〇〇人のアソシエイトたちは、二〇〇人以下の単位のチームに属し、他のチームと自由に連携している。そのチームにはボスは存在せず、チーム・メンバーたちの互選で選ばれたチーム・リーダーが運営をプロデュースしている。アソシエイトたちは複数のチームに属し、たとえばひとつのチームでチーム・リーダーを務める人が別のチームではメンバーとして参加していたりする。

W・L・ゴアの経営理念によると、リーダーは特定のプロジェクトに関する能力によって選ばれるべきで、会社の枠組みの中のポジションで選ぶべきでない、とされている。

アソシエイトたちはプロジェクト単位で仕事をすることが求められる。アソシエイトがあるプロジェクトに入ることに同意すると、それはその人が踏襲すべき「コミットメント」とされる。W・L・ゴア社に昇進はないが、めざましい貢献をした人は昇給によって報いられる。ゴア社には組織図も職階もない。誰もが誰にでも、どんな議題でも話をしてよい。このようなコミュニケーションの風通しを守るために、チームは二〇〇人を超えてはならないという規則がある。

W・L・ゴアの経営理念は創業以来同社を導き続けてきたが、それは以下のようなものである。

◎権限は付与されないし、固定もしない
◎ボスではなくスポンサー
◎フォロワーシップに象徴される、自然なリーダーシップ
◎人と人の直接のコミュニケーション
◎目標はそのことを実現させたい人たちで設定する
◎仕事や機能は本人のコミットメントによって規定する*47

このようなチームをベースとする組織は機械構造的でなく有機的なものになる。責任と権限は存在するが、それらは各々のプロジェクトで何が必要とされるか、誰がそのスキルとコミットメントを投入できるかによって決まり、そして進捗度合いによって人から人に移り、またチームから別のチームに移動していく。

チームは次のように編成される。ある製品の専門家がアイデアを思いついて、チームを起こしたいと考えたら、工場内でそのアイデアを人びとに伝え、彼らにそのチームに入りたいか聞いて回る。

そのプロジェクトに参加してくれるフォロワーがいないと、つまりフォロワーシップがまず先にないとチームは編成されず、したがってリーダーシップの成り立ちようがない。チームはメンバーの総意に

よって、より小さいチームに分割することも可能である。

そこのチーム・リーダーもメンバーの総意によって選ばれる。リーダーが選ばれる基準は、技術的スキルを基本とするが、クリエイティビティ、仲間と協働する能力、ビジネスの意思決定能力も同様の比重で選考の判断とされる。タスクが完了したらチームは解散して、メンバーたちは他のプロジェクトに参加していく。

アソシエイトの給与はコミッティで決定されるが、他のアソシエイトの評価が重要な判断材料とされる。チームの予算は、会社全体を揺るがすほどの巨額でない限り、そのチームが自由に設定し、他のチームおよび工場全体でその予算を評価することで承認される。

この、どこにも「構造」が存在しない組織のあり方は意図的にそのように形づくられた。形式的なルールや業務手順は、リスクを取るビジネスやイノベーションにとって制約要因となると考えているからである。

この組織形態は、ある種の課題については意思決定にやや時間がかかり得るし、社員全員が状況変化についてきてくれるとは限らない、というデメリットも起こし得る。また常に変化する組織システムは、旧来型のかっちりした組織に慣れた社員にとっては厳しく感じられるだろう。しかし、新しいアイデアやアプリケーションの創造に会社の浮沈を委ねるゴア社にとって、この組織が生み出す創造性はデメリットをはるかに凌駕する力を同社に与えてくれているのである[*48]。

以上、様々な業種の五事例をご紹介してきた。これらの事例では、初めから「わかちあい」的な文化を持った会社もあったが、旧来型のトップ・ダウン型の会社もあった。しかし、いずれの場合も、彼らがオーナーシップ・カルチャー醸成のための施策を一生懸命打ち続けてきたことにかわりはない。彼らはボトム・アップ型の仕事の気運と仕組み作りに挑戦し続けてきた。

それを極端なまでに発展させた例として、最後にW・L・ゴアをご紹介した。ここまでくると、もうトップもボトムもない。会社全部がプロジェクト・チームの集合体で、しかもそれぞれが変幻自在である。これが二一世紀の会社が進むべきひとつの姿なのだろうか。

W・L・ゴアも含めてすべての事例に共通するのは「わかちあう」という会社のあり方への飽くなき探求の姿勢である。それは時間もかかり、不断の努力も要する。しかしその努力の果実は、高い収益力と持続性の実現であり、社員たちの笑顔である。

4.6 タワー・コリエリー
——オーナーシップ・カルチャーが強烈に試された社員たち

本章の最後にエキセントリックとも言える事例をご紹介しようと思う。英国、南ウェールズの炭鉱会社、タワー・コリエリー（Tower Colliery）である。

これは、ここまでご紹介してきた英米の諸事例とも毛色が違い、廃坑と失業の瀬戸際を社員たち自身がひるがえして救ったという事例である。

タワー・コリエリーの動向は英国のメディアでも多く取り上げられ、複数の研究者によって論文化もされている。これらの資料を紡いで、この極限状態で始まったコーオウンド化のプロセスの中で社員たちのオーナーシップ・カルチャーがいかに試されていったかを見ていただこうと思う。[*49]

写真 4.6-1　タワー・コリエリーの名前の由来となったタワー

逆風の中での従業員買収

南ウェールズ、ヒルワウン村の炭鉱は採掘場に高い塔が建てられていたためタワー・コリエリーと名付けられ、「タワー」という愛称で炭鉱労働者たちに親しまれていた。

戦後、英国の炭鉱はすべて国営炭鉱会社ブリティッシュ・コールの管轄下にあったが、サッチャー政権による民営化・合理化路線のあおりを受けて、同社は一九九四年、南ウェールズの他の炭鉱とともにタワー・コリエリーの閉鎖・売却を決定した。

もちろん、炭鉱労働者たちは一斉に反対の意を唱えたのだが、これに対し経営側は、決定に賛成しない場合は退職金支払いを撤回するという条件を突きつけた。炭鉱労働者たちは泣く泣く賛成票を投じ、炭鉱の閉鎖・売却が決定した。

この晩、彼らは行きつけのパブに集まって何時間も思い出話にふけり、涙をぬぐわなかった。彼らはずっとタワーで働いてきたし、父親の代から炭鉱労働者の仕事を受け継いだ者も少なくなかった。炭鉱の仕事しかしたことのない彼らが、失業者であふれる南ウェールズで他のどんな仕事に就けというのか。パブでは彼らのオピニオン・リーダー、タイロン・オサリバンもビールを片手に悲嘆の場を共有していた。タワーの閉鎖が決定されたこの時点で、オサリバンは全英炭鉱労働者組合（NUM：National Union of Mineworkers）の南ウェールズ支部の事務局長を勤めていた。

タイロン・オサリバンの父もタワーの炭鉱労働者で、タイロンが一七歳のときに炭鉱事故で亡くなった。父の跡を取ったオサリバンは生涯タワーで働き続けてきた。彼のすぐそばで一四人の仲間が命を落とすという事故に巻き込まれたこともある。

オサリバンは屈強な男たちが当たりかまわず泣きじゃくるのを見ていられなかった。「何とかしなくては」彼は労働組合支部を活動基盤にして、自分たちでタワーを買収しようと仲間たちに呼びかけた。賛同してくれる者は買収資金として退職金を拠出してくれと訴えた。

炭鉱労働者たちはタワー・コリエリー従業員買収入札準備チームを組織し、まず準備資金として、全員が一〇〇〇ポンド（約一六万一〇〇〇円）[*50]ずつを拠出した。

いざ買収キャンペーンを始めてみると、南ウェールズの行政当局が後押しをしてくれた。大手の会計士事務所や法律事務所も支援を買って出てくれた。そして地元の銀行が資金の応援を約束してくれた。地元の産業と雇用を守ろうという共通意識だけでなく、支援者たちの南ウェールズへの郷土愛が彼らへの支援の基盤となってくれたのである。

入札準備チームはあらためて炭鉱労働者たちから入札資金の拠出を募り、三二〇人の炭鉱労働者のうち二〇〇人が各々八〇〇〇ポンド（約一三〇万円）を退職金から拠出した。

タワー従業員入札チームのほかに数社が応札して、状況は予断を許されなかったが、ついに貿易産業省は彼らの入札を承認し、一九九五年一月、タワー・コリエリーは正式に炭鉱労働者の所有となった。[*51]

しかし、これからが勝負の本番だった。社員オーナーたちの生活をしっかり支えられるように、そして多くの支援者に報いられるように、しっかりと経営していかねばならない。

獅子奮迅の経営

コーオウンド化成立の時点でタワー・コリエリーの石炭は四五％がアバソー発電所に、一五％がコラス製鉄所に供給されていた。この少数顧客依存という状態は、そのまま経営リスクにつながった。タワーの命運が二社の顧客の意向に委ねられてしまっている。アバソー発電所への販売はコーオウンド化後も契約が継続されたが、コラス製鉄所への販売は減少傾向にあった。自分たちの手で顧客を開拓せねばならない。

従来タワーはウェールズ域内の石炭販売については、旧来の商習慣に従って仲介業者を経由して行っていたが、彼らはこの流通にメスを入れた。コーオウンド化を機会に自前の販社ウェルシュ・ドラゴン・コール（Welsh Dragon Coal）を設立、顧客への直接販売に切り替えたのである。

返す刀で南ウェールズ峡谷の行政と連携し、一〇〇を超える学校や公的施設への石炭供給契約を締結、一気に顧客ベースを拡大した。

彼らはまた新規市場も開拓し、フランス、アイルランド、イタリアの顧客への販売を開始した。それまでのタワーでは石炭を輸出するなど想像もつかなかったことである。

タワー・コリエリーは事業の多角化にも乗り出した。地元の熱処理エンジニアリング会社との合弁事業、タワー・エナジー・サービセス社（Tower Energy Services）を設立、燃料供給から暖房器具開発、設置、メンテナンスに至る「総合エネルギー・パッケージ」の提供を始めたのである。これは顧客の受けがよかった。新しい顧客がこのサービスを利用してくれるようになり、そしてお得意さんになってくれた。

続いて石炭の梱包物流事業を内製化、また固形燃料ボイラーの製造業者との協働体制を作り、総合的なエネルギー供給サービス業へと業容を拡大していった。これらの施策は地元の雇用創出への貢献にもつながった。

また、石炭採掘場の坑内ではメタン・ガスが噴出していた。これは作業をする炭鉱労働者たちにとって危険なだけでなく、環境汚染を起こす厄介者だった。彼らはこの問題解決に挑み、地元のエネルギー会社と提携して坑道にタービンを設置、メタン・ガス発電を開始した。これはピーク時には九五％の発電効率で年間六・五メガワットの発電をした。

写真 4.6-2　石炭の搬送パイプ

タワー・コリエリーのメタン・ガス・エネルギー化事業は、労働安全を向上させ、エネルギー自給率を向上させた。そのうえ二酸化炭素の二〇倍の温室効果を起こすとされるメタン・ガスの排出をなくし、環境負荷低減に大きな貢献をもたらした。「危険」と「公害」というデメリットを「エネルギー自給」というメリットに転換してしまったのである。

この事業は政府貿易産業省から「模範的実践」との表彰を受けた。

コーオウンド会社となったタワー・コリエリーは一三年間の操業期間中、五〇〇万トンの石炭を採掘して平均二五〇〇万ポンド（約六〇億円）[*52]の売上を計上し続けた。ブリティッシュ・コールが不採算だと断定していたにもかかわらず、毎年四〇〇万ポンド

（約九億六〇〇〇万円）の利益を計上した。

英国全体の石炭採掘量は、一九九五年の三五〇〇万トンから二〇〇七年六六〇万トンへと、八一％もの激減をしたが、そのような逆境のもとでもタワーでは一九九五年四二万トンから二〇〇二年の六七万トンへと五〇％の増産を果たした。

タワー・コリエリーはコーオウンド会社となった時点で約二三〇人の社員を雇用していたが、その後の躍進のおかげで、最盛期には四〇〇人近くまで増加した。南ウェールズの男性雇用は一九八一年から二〇〇一年の間に一三・七五％減少していたが、タワー・コリエリーはこの問題にも一矢を報いたわけである。

コーオウンド会社としての一三年間、タワーは英国炭鉱労働者として最高額の給与を支払い、また福利厚生面でも六か月の傷病休暇を保証するなど、最高水準を維持し続けた。

南ウェールズ人としての郷土愛に支えられて、タワー・コリエリーは社会活動や環境保護活動にも貪欲だった。

前述のメタン・ガス発電事業はその代表例だが、加えて彼らは石炭くずの堆積場に有機物処理をして、植物が繁殖しやすいような工夫を施した。これによって、粉塵と騒音の被害を最低限に抑えることができた。炭鉱が排出する汚水はていねいにフィルター処理をして、そのモニタリングも怠らなかった。

タワーではこうして石炭のエネルギー効率を最大化しながら環境負荷を極少化するという専門性を高

めることができたのだが、そのノウハウを抱え込むことはせずに、顧客に無償で提供していった。

タワー・コリエリーは地元社会への貢献にも貪欲だった。地元ラグビー・クラブのマウンテン・アッシュ・ラグビー・クラブ（Mountain Ash Rugby Club）やジ・アーケード・モーターサイクル・ロード・レース（The Arcade Motorcycle Road Race）、小児ホスピス、南ウェールズを拠点とするオペラ・ボックス・オペラ・カンパニー（Opera Box Opera Company）への寄付を続けた。[*53]

タイロン・オサリバン

タワー・コリエリーの従業員買収成立とその後のめざましい業績は、ひとえに社員オーナーたちの力によるものであることは間違いない。彼らは南ウェールズ人の屈強でありながらあたたかい気風、炭鉱労働者としてのエトス、そして労働組合員としての結束を共有していたため、一般のコーオウンド・ビジネスにも増して社員オーナーとしてのコミットメントを体現していった。

それでもやはり、彼らの力を結集するにはリーダーが必要だった。その役を引き受けたのがタイロン・オサリバンだった。オサリバンは彼らに「炭鉱を自分たちのもの」にすることを呼びかけてそれを実現し、買収後は会社を牽引していった。

彼はコーオウンド会社となったタワー・コリエリーの最初の取締役会長に就任した。そしてその後、時と状況に応じて会長と人事部長の職を行ったり来たりした。[*54]

オサリバンは労働組合のリーダーと企業経営者という二役をみごとにこなした。普通の会社では対立するふたつの立場だが、彼にとっては労働組合の運営も会社の経営も同軸上にあったようである。彼は次のように述べている。

「労働組合での私たちの仕事はただ労働者たちの利害を代弁するだけではなかったんだ。共に働くことの意味、わかちあうことの意義、国民健康保険を支えることの意味、教育システムを改善することの意味を彼らに説いて回るのも私たちの仕事だった」

「ある人たちは私が時によって立場をくるくる変えたと責め立てる。しかし、私は彼らに言ってやるんだ。私にとっては、ストライキを呼びかけるのも、取締役会長の職を務めるのも、タワーのため、そこで働く人たちのために最善のことをするという意味では何の違いもないとね」

激動の環境下でこのように独特な立場に置かれて、タイロン・オサリバンは彼独特の、しかしすべての経営者が学ぶべき経営手法を確立していった。彼の発言を見てみよう。

「従順な労働組織を作るのでも逆に対立的な労働組織を作るのでもなく、共に働く労働組織を作るのだ」

「今までの人生で蹴とばされることばかり経験してきた人にとっては、もう一回蹴られるようなことがあっても何も感じない。違いを起こすのは背中を撫でてやって、よい時を共に過ごすことなんだ」

「あなたがどの業界にいるのかは関係ない。すべての知識は会議室の中ではなく現場にあるんだ。あなたが人びとから知識を掘り出さなければ、あなたは会社をだめにしていくだろう」

「我々は企業家たり得るのだ。利益を生み、市場を発見し、そして礼儀正しく面倒見のいい雇用者となるのだ[*55]」

こうしてタワー・コリエリーで体現していった理念を、オサリバンは「タワリズム（Towerism）」と呼んだ。彼は躊躇なく経営者の道を歩んだ。それでいて、彼は生まれながらの炭鉱労働者という自らのアイデンティティを崩そうとはしなかった[*56]。

何も変わらなかった業務組織とすべてを変えたオーナーシップ・カルチャー

タワー・コリエリーはコーオウンド化後もブリティッシュ・コール時代の業務組織をそのまま引き継いでいた。組織編成も職務規程も変わらなかったし、そのうえ管理職の顔ぶれも全く変わらなかったのである。生まれ変わったタワー・コリエリーなのに、管理者の顔ぶれすら変わらないというのは奇異に見えるが、これには理由があった。

タワー・コリエリーの採掘現場は機械化が進んでおり、半自動化していた。業務組織はそのラインに沿って、それぞれの技術的要求に則して編成する以外になく、手をつけようがなかった。

また、深部坑道採掘型の炭鉱の経営は法律によってがんじがらめに規定されていて、政府のライセンスを取得した炭鉱管理者「コリエリー・マネージャー」を任用する義務があった。コリエリー・マネージャーはこの法律に裏打ちされた権限に守られ、そして技術的知識で理論武装していた。炭鉱は彼の同意なしに操業できなかった。

加えて炭鉱全体の操業をモニターして指示するために、コリエリー・マネージャーは彼の息のかかった現場監督を配置していた。会社の所有が変わったからといって、彼らを排除することはできなかったのである。

炭鉱がコーオウンド化されて現場に戻った社員たちは、初めのうちは何も変わっていないことに戸惑った。「俺たちは今ではみんな同じ側だということになっているけれど、それでもあっち（管理者側）はあいかわらずあっちだ*57」

しかし、彼らの間でオーナーシップ・カルチャーが醸成されるにつれ、「何も変わらないが、すべてが変わった」という意識も浸透していった。自分たちが買った自分たちの会社だという人びとのコミットメントが染みとおってきて、「すべて」がちがって見えるようになってきた。

ある社員は次のように述べている。「そこにはちがった雰囲気があるんだ。もうここは強圧的ではなくなった。ほんの一～二週間前、私はここのマネージャーと話し合っていた。ブリティッシュ・コールの時代にはそんなことはあり得なかったんだ。今は彼らは、どんな計画がされていたりいなかったりするかを私に伝えてくれる。前にはそんなことはなかった。役割はどうあれ、私は私の八〇〇〇ポンドを出したし、彼も彼の八〇〇〇ポンドを出した。彼はマネージャーかも知れないし私は炭鉱労働者かも知れない。でも一日が終われば私たちは平等なんだ[*58]」

一方、社員オーナーたちは、はっきりとした変化も体験した。株主総会で経営陣が社員オーナーたちの審判を受けるという、ガバナンス（統治）権が社員オーナーたちの手に委ねられるようになったのである。

取締役任期は二年で、そのたびに取締役たちは再任か退任かの審判を受ける。一九九九年と二〇〇一年の株主総会では、社員オーナーたちは二名の取締役再任を否決した。この二名はタワーのコーオウンド化に功績があった創業メンバーだったのだが、そんなことは関係なく経営能力が厳しく問われたのである。

タワー・コリエリーの株主総会は形式的な行事ではなかった。取締役たちは日々の業務で従業員オーナーの目にさらされていて、株主総会では彼らの働きが吟味されて審判が下された。取締役の誰もが地位への安住を許されていなかったのである。

タワーでは月次の取締役会、毎週の生産会議、毎日のシフト生産会議が開かれて、密なコミュニケーションが図られていたし、それらはさらにもっと頻繁に行われたインフォーマルな話し合いによって補完されていた。これらの綿密なコミュニケーションの場がオーナーシップ・カルチャー醸成の苗床の役割を果たした[*59]。

オサリバンは次のように言っている。「会社を社員に与えたことが生産性を五%か一〇%押し上げたかどうかはわからない。しかしはっきりしていることは、社員たちが株主になったとたんに効率的になるということだ。なぜならお互いに話し合いを始めるからなんだ[*60]」

コーオウンド化後のタワー・コリエリーでは手厚い傷病手当が支払われていたにもかかわらず、欠勤率が劇的に低下した。社員オーナーたちは炭鉱の操業を回していくために、やりすぎるほど仕事に打ち込んでいった。マネージャーたちはむしろ彼らが仕事をしすぎないように注意を払わねばならなかった[*61]。

写真 4.6-3　炭鉱前景

「何も変わらない」業務組織と「すべてが変わった」オーナーシップ・カルチャーの組み合わせがタワー・コリエリーの業績を裏打ちしていた。その力は危機の際にいかんなく発揮された。

一九九八年に坑道内で落盤事故が起こり、掘削機が埋まってしまった。炭鉱全体の機能がこの掘削機を中心に回っていたため、この事故はタワー・コリエリーの操業そのものに対する危機だった。

新たな掘削機の購入には一〇〇万ポンド（約二・二億円[*62]）が必要だった。そんな金は出ない。それならばと彼らは現場に取りついて、彼ら自身の手で掘削機を掘り出してしまった。そしてそれを修理して無事に採掘を再開したのである。

二〇〇二年には高濃度のメタン・ガスが噴き出して坑道内に充満した。そのため炭鉱を三か月間閉鎖せざるを得なかった。彼らは即座にプラスティック・パイプの購入を内密に進めた。価格高騰を避けるためである。そして四マイル（約六・四キロメートル）に及ぶ排出パイプラインを敷設した。

そのおかげで、石炭在庫が払底して顧客企業に他社に乗り換えられる前に採掘を再開することができた。前段でご紹介したメタン・ガス発電はこの事件をきっかけとして着手されたのである。

どちらの事件もブリティッシュ・コール時代であれば廃坑を決定していただろう。しかしコーオウンド会社タワー・コリエリーの社員たちは逃げずに危機に立ち向かい、そして乗り切った。この共有体験と「自分たちの力で打破したのだ」という自負がオーナーシップ・カルチャーをさらに根付かせることとなったのだ。[*63]

労働組合とストライキ

南ウェールズでは炭鉱業と鉄鋼業を中心に産業化が進んだのを背景として、労働者階級の文化が色濃く醸成されていた。労働組合運動が活発で、タワー・コリエリーの社員も全員が労働組合員だった。

ブリティッシュ・コール時代は経営陣と炭鉱労働者たちの溝が深く、たびたびストライキが起こっていた。タイロン・オサリバンも従業員買収前のタワーで六回のストライキを経験している。

労働組合はタワー・コリエリーの従業員買収の基盤として機能したのだが、コーオウンド会社となった後は組合活動の意義が希釈していった。労働組合員たちは労働者でありながら同時にオーナー株主であり、彼らが労働条件交渉を仕掛ける相手はオーナー株主の彼ら自身である、という循環構造が対立軸そのものを陳腐化させてしまったのである。

毎年、いちおう労働条件交渉は実施されたが、全員がすでに高賃金と手厚い福利厚生を享受していたので、団体交渉の矛先は否応なくにぶっていった。

コーオウンド化後、多くの労働組合の活動家たちがタワー・コリエリーの経営陣に参画したが、彼らの働きは社員オーナーたちによって厳しく査定され、株主総会で容赦なく任を解かれた。

労働組合はタワー・コリエリーの主要なアクターとして存在し続けたのだが、その役割は社員オーナーたちのエトスの基盤として、また「何かあったときの」結束基盤としての存在へと変化していったのである。[*64]

二〇〇〇年一月、コーオウンド会社となったタワー・コリエリーは最初で最後のストライキを経験した。

この地域で小さな地震が起こったため、三か月間、坑道へのアクセスができなくなったことがその発端だった。稼働を再開した際に操業停止の挽回をはかった経営陣が増産を要求したことに反発し、社員たちは四八時間のストライキを決行した。

決行したはいいが、社員オーナーたちはこの問題について労働者としての立場で議論すべきなのか、オーナー株主として議論すべきなのか、混乱してしまった。彼らは自分たち自身に対してストライキをかけるというジレンマに身を浸すこととなったのである。

このとき会長の任に就いていたオサリバンは、現場で働く社員オーナーたちから「機微がわからなくなった」と責められたことを強く反省した。炭鉱の出入り口に採掘作業の汚れを落とすための炭鉱浴場があるのだが、彼はその隣に自分の事務所を移して、事務所と浴場との間の扉を半分に切り落としてしまった。[*65]

ストライキは社員オーナーたちの被雇用者としての立場と所有者としての立場の相克を強調することとなった。そしてこの事件が「ふたつの立場の矛盾をかかえたままの自分」に対する社員たち自身の認識を整理させる効果をもたらし、彼らのオーナーシップ・カルチャーを補強してくれたのである。

坑道採掘の完了

既存の坑道での石炭の採掘がほぼ完了した時点で、タワー・コリエリーの社員オーナーたちは重大な決断を迫られた。さらに操業を続けるためには新しい坑道を掘る必要があり、それには多額の投資と借入金のリスクが見込まれた。これらの状況を吟味して、二四〇人の社員オーナーたちは最終的に炭鉱閉鎖の決定を下した。[*66]

こうしてタワー・コリエリーはコーオウンド化後一三年間の操業を終え、二〇〇八年一月二五日に採掘を完了した。この一三年の間、タワーでは三億ポンド（約七二〇億円）[*67]相当の石炭を生産し、毎年四〇〇万ポンド（約九億六〇〇〇万円）の利益を計上し続け、その寿命をまっとうしたのである。

その後、炭鉱採掘の最終段階として、二〇一二年五月から露天掘りが開始された。採掘された石炭はアバソー発電所に出荷されている。この露天掘り採掘は七年ほど続く見込みで、その後は四八〇エーカー（約五九万坪）の跡地の再開発が計画されており、工場団地、エネルギー施設、リサイクル施設、住宅、ショッピング・センター、レジャー施設の誘致が検討されている。[*68]

二〇一四年の晩秋、私はタワー・コリエリーの跡地を訪ねてみた。フェンスで囲まれた敷地の中にボタ山が見えた。ゲートに「タワー・サーフェス（Tower Surface）」という看板が掲げられていた。おそらく事業が露天掘りに移ったので社名も変えたのだろう。

あいにく日曜日だったため、ゲートには鍵がかけられていて、人もまばらだった。当直と思われる男性がゲートそばの小屋にいて、こちらをいぶかしげに見ていた。

私は思い切って男性に声をかけた。「すみません、ここは以前タワー・コリエリーだったところでしょうか」男性はいかにも炭鉱労働者らしいガッチリした体格の偉丈夫だったが、着ている作業服はシミひとつなく清潔な感じだった。「そうですが、何か」

私は自分が日本のコーオウンド・ビジネスの研究者であること、文献を漁ってタワー・コリエリーについて一生懸命勉強したこと、そして伝説のタワー・コリエリーをひと目見たくてやって来た旨を伝えた。

写真 4.6-4　社名は「タワー・サーフェス」に変わっていた

男性は警戒心を解いてくれたようで、あたたかな笑みを浮かべて話し始めてくれた。ウェールズなまりのフランクな話し方ではあるが、礼儀正しく、やわらかな口調だった。決して誇張をせず、修辞語を交えない話し方から質実剛健さが伝わってくる。

彼はタワー従業員買収時からのメンバーで、ずっとここで仕事をしてきたそうだ。「自分はこの炭鉱をとても誇りに思うし、自分たち所有の炭鉱になった時代を過ごせてしあわせだ」と話してくれた。

日曜日でマネージャーも休みのため、ゲートの中に入って見学させてもらうことはできなかったが、ゲート前の公道を先まで行くと採掘場のタワーが見渡せるスポットがあると教えてくれた。

彼の写真を撮らせてほしいと頼むと、はにかみながら「自分はそういうタイプの男ではない」とやんわりと、しかし毅然とした感じで断られた。彼の顔をあらためて見ると目力のある澄んだ目をしており、顎のあたりが力強く張っている。柔和さと剛健さをあわせ持つ印象だった。

私は礼を言ってその場を辞した。男性が教えてくれたスポットへレンタ・カーを走らせ、たくさんの写真を撮った。帰り道は先ほどのゲートとは違うルートのほうが高速道路への近道なのだが、もう一度ゲートの前を通ろうと思った。先ほどの男性がまだ小屋にいるかもしれない。手を振って挨拶できたらいいなぐらいの気持ちだった。

はたしてゲート前にさしかかると、男性が外に出て立っている。私は横付けして車を降りた。彼は私を待っていてくれたというのだ。あれから一時間以上たっていた。彼は私を見送ったあと小屋の引き出しからタワー・コリエリーの記念パンフレットを見つけて、もし私が通りかかったら渡そうと思って待っていたというのだ。

なんという心優しいふるまいだろう。私は感激してかたい握手を交わした。こういう男たちがタワー・コリエリーを支え、採掘をやりとげたんだなと、納得できた。

ウェールズの男かくありき、という印象とともに私は帰路についた。

5章 オーナーシップ・カルチャーの味わい

前章ではオーナーシップ・カルチャーが息づく事例を少し多めにご紹介した。会社がコーオウンド化してプロフィット・シェアと情報共有が活性化されると、人びとの間にオーナーシップ・カルチャーが醸成される。それが会社をどのように変えていくのかを見てきた。それぞれのコーオウンド会社が試行錯誤を経ながらどのようにオーナーシップ・カルチャーを育んでいったかを読み取っていただけたら幸甚である。

ここからはさらに、オーナーシップ・カルチャーが持つ性質を少し掘り下げて考えていこう。

5.1 個人の中にジレンマを取り込む

オーナーシップ・カルチャーというものは、個人個人の中ではどういう所業を起こしていくのだろうか。ここではコーオウンド会社での個人のあり方に迫ってみようと思う。

成功しているコーオウンド会社を訪問すると、一様に皆さん笑顔いっぱいで、たのしそうに仕事をしている姿が印象的である。また、英米のエンプロイー・オーナーシップ協会のコンファレンスに参加すると、ここも笑顔いっぱいで、そして参加者が誰かれとなく声をかけあっている。コーオウンド化をすべきか悩んでいる参加者や、コーオウンド化を始めたがとまどっている参加者がいると、どんどんアドバイスをしている。企業秘密に属していそうなことまで、かまわず情報開示してしまう。社外の人たちにまで情報共有をいとわないのである。

彼らの一様に笑顔いっぱいでオープンな様子を見ると、コーオウンド会社で働くことは個人個人にとってもしあわせなことなのだろうと想像できる。

しかし一方で、オーナーシップ・カルチャーに包まれながら、それを育む役を担う一員としての個人、という見地で見てみると、そこには少し違う風景が見えてくる。それをひと言で表現すると「ジレンマの体内化」ということになるだろう。

シャインズ社の物語では、フリー・ライダーたちが居心地が悪くなって、櫛の歯が抜けるようにいなくなっていった。みんながお互いに協力的だということはお互いに対するアンテナも高いということである。人びとはフリー・ライダーの行動にも敏感に感応する。誰にも「監視する」というようなマインドはないのだが、連携が進むと否応なくお互いの行動が見えてくるのである。フリー・ライダーはオーナーシップ・カルチャーの水に全くなじまない。

フリー・ライダーでなくても、オーナーシップ・カルチャーは人びとに何らかのプレッシャーを与えるだろうことも想像に難くない。

シャインズ社の曽呂田のエピソードを思い出していただきたい。コーオウンド化が始まると、日々の活動の中で「協力」と「稼ぎのわかちあい」に親和性の高いタイプとそうではないタイプの人に峻別されてくる。

「仕事のスタイルが変わる」の項でS社の広報担当者の様子をご紹介した。だれでも人に協力すること、わかちあうことはいいことだと思っている。しかしそれが血肉化されるかどうか、そういう環境が水に合うかどうかは別の話なのである。

水に合いにくいタイプの人は、この醸成しつつある文化に自分をアジャストするのに苦労する。自分のもともとの価値観と新たな価値観のジレンマである。

もうひとつ、社員オーナーは、文字通り社員としての自分とオーナーとしての自分のジレンマを引き受けねばならない。その相克がエキセントリックに起こったのがタワー・コリエリーのストライキ事件だった。

社員たちは地震に起因する操業停止の挽回をはかった経営陣の増産要請に反発してストライキを決行した。これは単に増産要請に反発したというよりも、それまで溜まっていた不満がこの事件をきっかけに一気に噴出したと見るのが自然だろう。

何に対しての不満かと言うと、彼らはオーナーであるはずなのに、あいかわらず管理者たちからのトップ・ダウン型の指示が降ってくる。自分たちが退職金をつぎ込んでオーナーになった会社なのに何も変わらないじゃないか、という不満である。

しかし、実際には管理側と社員側の双方向コミュニケーションが段階的に培われ始めていたし、タワー・コリエリーはブリティッシュ・コール時代とは異質の会社に変貌し始めていた。その中で経営陣も現場管理者も社員たちも、よちよち歩きの新しい事業モデルの中での自分たちの振る舞い方を一から学ぶ必要があったのだ。

いざストライキを決行してみると、自分たちは誰に対してアジテーションをしているのか、わからなくなってしまった。

発電所などの法人顧客への出荷が止まるということは、その顧客を失うことに直結するので許されない。操業停止期間中は採掘済みの石炭在庫を出荷してしのげたが、操業開始後は在庫をもとのレベルまで戻す必要がある。タワー・コリエリー炭鉱の経営リスク管理の見地から見ると、操業再開後の増産要請は合理的である。

そうすることで得られる利益やそうしないことでこうむる損失は、誰が浴するのか。自分たちだ。ということは、ストをしかけて糾弾しようとした相手は結局自分たちじゃないか。

このあたりから社員たちは、事業の遂行には仕事をたばねる経営者が必要だ、現場にも管理者が必要だということが腑に落ち始めたのだろう。その役目は彼らに任せる必要がある。指示が降ってくるのはしかたがない。しかし、以前と違って双方向コミュニケーションの窓が開いている。しかも、経営を任せてきた経営者たちがきちんと仕事をしていないと判断したときには、自分たちは株主として彼らを解任することができる。彼らの中で、このメカニズムと自分の中にある二つの役割に整理がついてきたのではないだろうか。

この「社員対オーナー」のジレンマはコーオウンド会社に勤める社員オーナーたち全員が避けて通れない相克である。それは自分の中で折り合いをつけたり、折り合いがつかないまま自身の体内に据え置いたりする必要がある。

ご紹介してきた諸事例のオーナーシップ・ストーリーはすべて、社員の中で社員である自分とオーナーである自分を認識して、各々受け止め方はちがっても、それを肚《はら》に抱えたまま仲間たちとの共有環境を築いていこう、という道筋の物語でもある。

5.2　言葉にしきれないオーナーシップ・カルチャー

これまでの事例を見てくると、オーナーシップ・カルチャーを育むために各社が取った手段には明らかに共通点がある。それらはコーオウンド・ビジネスの三種の神器のうちの二つ、情報共有とプロフィット・シェアに集約される。情報共有には、情報の開示という側面と、教育・コミュニケーションという側面の両方が含まれる。

プロフィット・シェアでは明解な利益配分が設計される。そして実は、金銭に換算できない「価値」が潤沢にシェアされていることにお気づきいただけたと思う。

成功しているコーオウンド会社には共通して豊かなオーナーシップ・カルチャーが息づいているのだが、それぞれのオーナーシップ・カルチャーは独自の醸成のしかたをしており、「同じもの」には見えない。つまりオーナーシップ・カルチャーは共通して存在しているのだが、オーナーシップ・カルチャーそのものは共通していないのである。

「仕事のスタイルが変わる」の項で、ジョン・ルイス・パートナーシップに三〇年勤めた人物の話をご紹介した。彼女は同社のオーナーシップ・カルチャーは「パートナーシップ・ウェイ」と呼ばれると話していた。そして入社してくる人たちは「パートナーシップ・ウェイ」になじめる人となじめない人に自然に峻別されると話してくれた。

この話には続きがある。私は「そのパートナーシップ・ウェイとはどのようなものか」と尋ねた。彼女はきっぱりと「それは言葉には表せない。どれだけ多くの言葉で描写しても、正確に伝えられるものではない。それを理解するには入社して体験するしかない」と言い切った。

彼女はとても知的な人物でＭＢＡ（経営学修士号）保持者でもある。自身のビジョンを明快に言語化する力もある。その彼女が「言葉にできない」と言い切ったのを聞いて私はとまどってしまった。コーオウンド・ビジネスの本質であるオーナーシップ・カルチャーとは何なのかを言語化できないようでは困るのである。

しかし、その後多くのコーオウンド会社への訪問を重ねる中で、私は彼女の言っていたことがだんだん理解できるようになってきた。たしかに百社百様なのである。そしてそれらは、その会社のそのときの状態をそのまま表している。

なるほど、オーナーシップ・カルチャー醸成の処方箋はあれども、培われて形を成すオーナーシップ・カルチャーは結果であり、果実であり、そうでありながらプロセスであり、旅路の「今」なのである。その醸成のしかたはその会社の設立過程、歴史、業態、かかわる人びと、スタイルなどによって、全く違って表れてくるし、刻々と変化、成長していくものなのだ。

言葉にできないものを仲間と共有できるなんて最高ではないか。コーオウンド・ビジネスの醍醐味である。

5.3　起業家精神

オーナーシップ・カルチャーは起業家精神を喚起する。活発なイノベーションが湧き起こる。

タワー・コリエリーでは起業家精神がいかんなく発揮された。流通の中間業者を排除し、フランス、イタリアなどの輸出市場を開拓、さらにメタン・ガスのエネルギー化を成し遂げるなど、イノベーションを次々と繰り出した。その結果、二〇〇七年までの一二年間で英国の石炭採掘量が五分の一にまで激減した逆風下にあって、タワー・コリエリーは五〇％の増産をして高利益を出し続けた。

W・L・ゴアは会社組織のセッティングそのものが起業家精神のるつぼである。イノベーション提案が核となって、どんどん新チームが編成される。

ここでもうひとつ、起業家精神がいかんなく発揮されたコーオウンド会社の事例をご紹介しよう。オハイオ州シャロン・センターを拠点とするＥＢＯグループ（EBO Group Inc.）である。同社は一九九〇年にＥＳＯＰを導入、後に一〇〇％コーオウンドとなった。

ＥＢＯグループのその時点での社名は「パワー・トランスミッション・テクノロジー（Power Transmission Technology：ＰＴテック）」だった。名前が示すように、同社はトンネル掘削機や天然資源採掘装置など大型機械用のクラッチやブレーキのメーカーだった。しかし、一九九八年頃からビジネスが海外企業に奪われ、同社の顧客企業が次々に事業から撤退していった。

ＰＴテックは、収縮が激しい既存市場内での消耗戦に身を置き続けるよりも、まったく新しいベンチャーに挑戦する決断をした。既存の技術を活用して新規市場を開拓するのだ。

早速同社はゴミ処理場向けの破砕機械を開発した。この機械を利用した資源活用は後年「バイオマス」と呼ばれるようになるのだが、同社はこの分野のマーケット・リーダーとなった。

二〇〇二年、彼らはワンタッチでストレッチャーになる車いすを病院向けに開発した。この製品は開発から五年のうちに医療器具業界の主要な一角を占めるまでに育ってくれた。

気をよくした社員オーナーたちは新製品を次々と開発していった。現在では同社年商の五〇%以上がリサイクル市場と医療器具市場向けの売上で占められている。

二〇〇七年には子会社を設立して電気ハイブリッド動力システムを開発。これは後にプラグ・イン・ハイブリッド・システムとして多くのエンジン駆動車や機械に組み入れられている。

ここまで来て、「パワー・トランスミッション・テクノロジー」という社名はいかにも不似合いになってきた。同社は「エクセレンス・バイ・オーナーズ（Excellence by Owners）」、つまり「社員オーナーたちが創出する最高のもの」という意味を込めて、ＥＢＯグループと社名変更をした。

ＥＢＯの社長、キース・ニコルスは、これらのイノベーションはすべて社員たちから湧き起こったものだと述べている。これら広範で画期的な事業展開をしているＥＢＯグループだが、同社はそれをたった七〇人の社員オーナーたちで回しているのである。[*69]

5.4 コーオウンド・ビジネスの優位性調査

ここまでお読みいただき、読者は次のような疑問を持たれることだろう。「コーオウンド・ビジネスがオーナーシップ・カルチャーを育むのはわかった。いくつかの成功事例もおもしろい。しかし、それらは一部の成功物語に過ぎないんじゃないか。会社を社員にあげてしまって、そのうえ『言語化しにくい』オーナーシップ・カルチャーを育てて、などと面倒くさいことをしてまで、会社を活性化できる保証はあるのか」

ごもっともである。ドラえもんじゃあるまいし、コーオウンド・ビジネスはお手軽な「業績向上装置」ではない。社員が影響株主や支配株主になるという基本構造に乗せて、情報共有、プロフィット・シェア、オーナーシップ・カルチャーの三種の神器を駆使し育む、というモデルはあるが、それらをベースに各社独自の試行錯誤をしていかねばならない。

英国副首相ニック・クレッグが英国をコーオウンド・ビジネス大国にすると宣言したスピーチで「エンプロイー・オーナーシップは万能薬ではない」と言ったのもうなずける。

それでは、コーオウンド・ビジネスにはほんとうに優位性があるのか。この疑問に対する回答が複数存在する。英米の研究者たちによるコーオウンド・ビジネスのパフォーマンスの比較調査である。研究調査資料であるだけに堅苦しい文体になってしまうが、抜粋してご紹介しよう。

ダグラス・クルセ、ジョセフ・R・ブラシの調査

クルセら（Douglas Kruse & Josef R. Blasi）は二〇〇〇年の三四三社調査で、米国ＥＳＯＰ企業がＥＳＯＰ制度導入前と比較して、売上高成長率が年間で二・四%、雇用伸び率が同じく二・三%向上したという結果を得た。[*70]

ブレント・クレーマーの調査

クレーマー（Brent Kramer）は二〇〇八年の持株比率過半数の米国従業員所有（ＥＳＯＰ）会社三二八社の調査で、以下のような結果を得た。

(1) 過半数従業員所有会社は、同様の業界・業容の非従業員所有会社と比較して、一人当たり売上高が八・八%高かった。

(2) 一〇〇%従業員所有会社の業績は、五〇%超一〇〇%未満従業員所有会社よりも好業績を挙げた。

(3) 従業員所有会社では新製品、業務デザイン、マーケティングにおいて、非従業員所有会社よりも積極的な参画が見られた。その貢献度は非従業員所有会社と比較して一人当たり年間一万九〇〇〇ドル（約二〇〇万円[*71]）高いと換算された。[*72]

ジョセフ・ランペル、エージェイ・バラ、プシュカル・ジャーの調査

ランペルら（Joseph Lampel, Ajay Bhalla & Pushkar Jha）は英国における従業員所有会社と非従業員所有会社の比較調査を実施した。それぞれ、二〇〇五年から二〇〇八年の好況期と二〇〇八年から二〇〇九年の不況期の比較、大組織と従業員七五人以下の中小組織の比較を行い、従業員所有事業の特徴を浮かび上がらせている。

(1) **中小の事業において、従業員所有会社は非従業員所有会社に対し利益性が秀でている**

従業員所有会社の業績は非従業員所有会社と比較して、特に従業員七五人以下の中小組織において、税引き前利益、一人当たり税引き前利益の双方で非常に秀でていた。

(2) **従業員所有会社は非従業員所有会社よりも強く雇用を支える**

従業員所有会社はより早く雇用を創出する。二〇〇五年から二〇〇八年の好況期における平均従業員増加率は、非従業員所有会社では年率約三・九％だったのに対し、従業員所有会社では年率約七・五％だった、二〇〇八年から二〇〇九年の不況期にはこの差はさらに開いており、従業員所有会社では一二・九％、非従業員所有会社では二・七％だった。非従業員所有会社の雇用創出力が減退しているのに対し、従業員所有会社はむしろ増大している。

(3) **従業員所有会社の強みは従業員のコミットメント**

調査に回答した従業員所有会社の四分の三が、従業員所有会社の最大の優位性は従業員のコミットメントだと強く信じている。一方、非従業員所有会社においては、従業員のモチベーション向上は従業員所有会社と比較して非常に困難だとの結果が出ている。

(4) **従業員所有会社の売上高は景気変動の影響を受けにくい**

従業員所有会社の業績はビジネス・サイクルの影響を受けにくく、売上高の変動が少ない。二〇〇五年から二〇〇八年の好況期における売上高伸び率をみると、非従業員所有会社（一二・一〇%）は従業員所有会社を（一〇・〇四%）を凌駕していた。しかし二〇〇八年から二〇〇九年の不況期、従業員所有会社が一一・〇八%という高い売上高伸び率を堅持していた一方、非従業員所有会社では〇・六一%に激減している。

(5) **従業員所有会社は従業員の一人当たり売上高貢献度が高い**

二〇〇八年から二〇〇九年の不況期において、従業員所有会社の従業員一人当たり売上高伸び率（〇・九七%）は、非従業員所有会社（〇・二二%）を凌駕していた。これは、同時期の従業員数伸び率が高いにもかかわらずの結果である。この時期の従業員数伸び率は、従業員所有会社一二・九一%、非従業員所有会社二・七〇%だった。

(6) **従業員所有会社は知識／スキル集約型産業において有利**

従業員所有事業モデルは、知識／スキル集約型業種において、より強い優位性を示す。平均給与額四〇〇〇ポンド（約五五万八〇〇〇円）[73]以上の企業では、従業員所有会社の一人当たり利益額は非従業員所有会社を大きく引き離している。

(7) 一人当たり付加価値は従業員所有会社が非従業員所有会社に勝る

一人当たり付加価値額の比較では、従業員所有会社が非従業員所有会社に勝る。好況期ではその差は小さいが、不況期にはその差が開いた。好況期から不況期にかけて従業員所有会社の一人当たり付加価値額は三三・〇五％改善したが、非従業員所有会社は一七・一一％であった。

以上に見られる従業員所有会社の優位性と性質について、ランペルらは以下のように述べている。

従業員所有事業は、長期的持続性を犠牲にしてでも加速的成長と短期的利益回収を指向する「株主の見地（shareholder view）」ではなく、「ステークホルダーの見地（stakeholder view）」によるマネジメントを行うところにその優位性の根源がある。会社の所有権を有する従業員は質の高い財・サービスを提供することによりコミットしており、事業遂行の過程においてニーズへの高い柔軟性を示す。

従業員所有事業の利益性は、従業員への権限移譲の度合いに比例する。現場の従業員が権限を持つような組織構造を導入した従業員所有事業は、事業規模が増大しても業績を維持し続けている。[74]

全米エンプロイー・オーナーシップ・センター（NCEO）・クオリー、ローゼンの調査

クオリーら（Michael Quarrey & Corey Rosen）は従業員所有会社のESOP導入前五年間と導入後五年間のパフォーマンスの変化を調査した。その結果、導入後の売上高伸び率は導入前と比較して平均で年率三・四％加速し、雇用増大は年率三・八％加速した。

これらの会社を社員参画度によって三グループに分けて分析したところ、もっとも社員参画度の高い企業群はESOP導入後に売上高年間成長率が八～一一％加速していることがわかった。中間グループは導入前と導入後の変化が見られず、社員参画度が低いグループでは、むしろパフォーマンスが下がった。[*75]

こうしてご覧いただいたとおり、コーオウンド会社のパフォーマンスは非コーオウンド会社よりも、ほとんどの指標において秀でているという結果がはっきりと出ている。また、同じ会社でもコーオウンド化の前と後で業績の変化がはっきりと表れている。ただし、コーオウンド・ビジネスという構造に社員参画、つまりオーナーシップ・カルチャーがともなわないとその効果が出ない、という結果が出た。三種の神器抜きにはコーオウンド・ビジネスは語れないということの証左である。

以上、オーナーシップ・カルチャーについてじっくりと、多面的にご紹介した。

3章3節（79ページ）「オーナーシップ・カルチャー」の項で、それは何となく社内にただよう雰囲気程度のものではなく、会社の方向性、意思決定の基準、働き方を根本から変えてしまう、いわばプラットフォームだと述べた。その意味では、コーオウンド・ビジネスの中身そのもの、ど真ん中にある本質であると。

そのプラットフォームは百社百様で、しかも醸成が進むと言葉で言い表せないが、社員たちが「これだよね」とうなずき合うものになっていくというのだ。そんな会社がうらやましいと思うのは私だけだろうか。

6章 ステークホルダーとのご縁を深める、広げる

再びシャインズ社の物語に戻ろう。コーオウンド化第三年度には利益が低迷して社員オーナーたちのプロフィット・シェアを直撃した。彼らの間でくやしさが共有された。社員オーナーたちは一致団結して利益至上主義に邁進した。

顧客指向が磨き上げられたし、チーム・パワーが上がった。目標も利害も一致しているので社内コンセンサスが取りやすかった。経費節減は「運動」としてよりも、日々の「所作」として定着していった。

取引先との打ち合わせでは納期の短縮と品質の徹底を要請して、価格についても以前より強くあたっていった。取引先にしてみれば厳しい話なのだが、シャインズ社の誰と話しても同じ姿勢なので「一枚岩」と感じたようだ。

それ以上に、シャインズ社自体がお客様に対して納期短縮と価格抑制を提供しようとしていることをわかってくれて、多くの取引先が「それじゃあ、シャインズさんについていこう」と、歩調を合わせて

くれた。

それから五年が経ち、取引先との関係性も「取引相手」というよりも、ともにお客様に最高の便益を提供しようという「仲間」的なものに変化していった。あいかわらず納期、品質、価格の基準は甘くない。しかしそれは取引先への要求というよりも、シャインズ社と取引先の共通の攻略目標に変容してきた。お互い長期的な取り組み関係を前提に、日々話し合う雰囲気がかもし出されてきた。

このあたりから、お客様や取引先から評判が立つようになってきた。「シャインズさんは独特の雰囲気を持っている」「仕事のしかたは甘くないが、皆さん笑顔で、イキイキしている」「つきあっていて気持ちがいい」「人の話をよく聞いてくれるし、何かを押しつけるのではなく、ともに解決しようという姿勢が伝わってくる」

まわりからの評判もうれしいが、何よりもそう言ってくださるお客様や取引先との関係性によって当社のみんなもがんばれるんだ、という感慨にリアル感がともなう。

6.1 コーオウンド会社の中ではステークホルダー意識が高まる

こうしてシャインズ社では「ステークホルダー」意識が浸透していった。それはサプライ・チェーンを縦にさかのぼっていき、また地域とのかかわりを意識するようになって横にも広がってきた。

これまでご紹介してきた事例でも、ステークホルダー意識にドライブされた行動は枚挙にいとまがない。

ジョン・ルイス・パートナーシップのお客様指向は業界でもピカイチである。だからお得意様が多いし、特別視してくれるようになっている。取引先との長期的関係構築に心をくだいており、フェア・トレードへの注意も怠らない。このことは同社のミッション・ステートメントに明記されており、ホームページでも公開されている。そして事例でもご紹介したように、地域や社会とのかかわり方もアグレッシブなほどにコミットしていて、しかも多種多様である。

ボブズ・レッド・ミルは「自然な食品で健康とゆたかな暮らしを提供する」というアイデンティティに忠実に社会貢献活動をダイナミックに実施している。

後述のクリフ・バーは社員のボランティア活動を就業時間内の活動として有給扱いにしている。しかも、社員たちが費やす年間のボランティア活動時間の目標値を決めて「早く目標を突破しよう」と後押しをしている。

ウィルキン&サンズは、ティプトリー村との強い紐帯が会社のアイデンティティそのものだという姿勢で地域貢献を体内化している。タワー・コリエリーの地域貢献活動もすごい。

コーオウンド会社ではなぜステークホルダー意識が高まるのか。それを探る前にステークホルダーとは何なのか、少し考えてみよう。

「ステークホルダー」という言葉はふつう「利害関係者」と翻訳されて使われている。たとえば、会社にとって社員は利害関係者である。事柄によって社員と会社の利害が一致したり背反したりする。

株主も利害関係者である。「本年度は事業強化のために利益の○○％を投資に振り向けたいと思います。したがって株主の皆さまへの配当は△△円に抑えさせていただきたくお願い申し上げます」と株主総会で社長が答弁しているのは、株主への利害不一致を「飲んでください」と必死にお願いしているわけである。

会社にとっては、株主、顧客、取引先、経営者、社員が利害関係者、つまりステークホルダーである。しかし、それだけではなんだか舌足らずである。ステークホルダーとはもっと広く深く、組織と社会のかかわりを捉えている。そのへんを探っていこう。

6.2 佐呂間漁協

北海道佐呂間町に佐呂間漁協という漁業協同組合がある。この漁協がすごい。組合員の漁師さんたちの平均貯金額が一億円を超えるのだ。しかし、皆さんの生活はむしろ質素で、豪邸などひとつも建っていない。

この佐呂間漁協のユニークな経営モデルをご紹介して、彼らにとってのステークホルダーのあり方を見ていこう。

佐呂間漁協は、なんとかして佐呂間町独自の漁協を持ちたいという希望で一九四九年に設立された。画期的なホタテの養殖技術も開発し、本格的に養殖事業に取り組もうとしたのだが、そのための投資資金を信漁連が貸してくれなかった。万事休すというときに、佐呂間町が町の予算の半分を占めるほどの金額の債務保証をしてくれた。おかげで佐呂間漁協は「船出」することができたのである。

写真 6.2-1　佐呂間漁協

そのご恩を返さねばならない、さらに町の役に立っていかねばならない。佐呂間漁協は初動期から組合員と佐呂間町という二つのステークホルダーへの貢献を目的とすることになった。二つのステークホルダーを最重要と位置づけたこと、そのために漁協の皆さんが一致団結して努力と工夫を重ねたことが、佐呂間漁協を格別にユニークな漁協に仕立て上げてくれたのである。

そのアプローチもユニークだった。町への貢献を続けていくためには、まず一方のステークホルダーである漁協組合員の生活を安定させねばならないと考えたのだ。さもなければ町に貢献するどころか、また町に迷惑をかけてしまいかねない。自然の摂理に依存する漁業には豊漁不漁の不安定さがつきものだった。

そこで、仮に三年間不漁が続いたとしても漁協組合員の生活費が枯渇しないように財務の設計をした。組合員の漁業収入を漁協に預金してもらい、しかも本人がその預金を自由に引き出せないようにしてしまったのだ。

組合員は毎年正月にその年の営漁計画と生活費見積もりを漁協に提出する。漁協はその見積もりが甘くないか精査する。そして時には「もっと節約しなさい」と突き返したりもする。そしてその年は、組合員は漁協が許可した金額だけ自分の口座から引き出すことができるのである。

「家を改装したい」「息子を大学にやることになった」など、まとまったお金が必要なときも、漁協はおいそれと預金を引き出させてはくれない。そのお金は組合員が相応の利息を払って漁協から借り入れるのだ。漁協の自分の口座に預金があるのに、それを使えずに借金して返していく。これも過剰な出費を戒めるひとつのけじめなのである。

この仕組みは組合員全員の合意で始まった。だから誰からも文句が出ない。

さらに漁協独自のサロマ湖でのホタテ養殖、外海での地まきホタテ漁やサケ漁の操業等など、様々な工夫を凝らし、佐呂間漁協はいち早く借入金を返済、今では組合員も多額の貯金を持つようになった。そしてそのうえで、町への貢献やオホーツク地域への貢献活動に貪欲に取り組んでいる。

阪神淡路大震災のときにホームステイ先として子どもたちを迎え入れたり、東日本大震災の被災地へ漁船や稚貝をプレゼントしたりと、八面六臂の活躍をしている。

佐呂間漁協の皆さんは、第一のステークホルダーである佐呂間町への恩返しと貢献を実現したが、そこにとどまることなく、ステークホルダーである自分たちの足場を固め、もうひとつの第一ステークホルダーの広がりをオホーツク地域、被災地へと、どんどん広げていった。

さらに、佐呂間漁協の皆さんがさんざん苦労して開発したホタテの養殖技術を、特許をとることもなくどんどん他の漁協に教えていった。「競争第一」の時代にあって、真逆の行動である。

私が佐呂間漁協のことを知ったのは「かがり火」という雑誌を通じてだった。この雑誌もおもしろい雑誌で、書店では販売せず読者が直接申し込んでの定期購読で成り立っている。「地域づくりは面白い。地域を学び、地域で遊ぶためのヒューマンネットワークマガジン」というサブ・タイトルが示すとおり、マス・メディアが取り上げない無名の人たちや地域のすてきな活動が紹介されている。

「かがり火」は一度採算が厳しくなって廃刊しそうになった。ところがそれを聞きつけた熱心な読者たちが集結して、お金を募って復刊させてしまった。こんなすごい雑誌はほかに聞いたことがない。「かがり火」は読者がステークホルダー化してしまっている。*76

写真6.2-2　ホタテ漁をする船木耕二さん

　佐呂間漁協に話をもどそう。私は「かがり火」の発行人、菅原歓一さんにお願いして佐呂間漁協を訪問した。佐呂間漁協の組合長や「かがり火」の復刊に尽力した組合員の船木耕二さんにお話を聞き、案内をしていただいた。

　もちろん彼らの口から「ステークホルダー」などという言葉は一言も出てこない。しかし漁協のあり方、彼らの生き方はステークホルダー型経営、ステークホルダー型生き方そのものである。

　私がいっそう驚いたのは、阿部組合長の案内で見学しているときに漁協ビルの一階でＡＴＭを見つけたときのことである。これだけ厳しく貯金の引き出しが制限されているのに、組合員がその気になればいつでもＡＴＭから現金を引き出せるのだ。しかし取り決めを破って現金を引き出した組合員はひとりもいないそうである。阿部組合長は「漁信連に頼まれてＡＴＭを置いたけど、なんのために置いたんだかなあ」とのんきに笑っていた[*77]。

　このような組織では、第一義のステークホルダーの決め方がユニークである。これがその組織をどこにもない魅力あふれる組織に仕立てている。またその後、彼らがかかわるステークホルダーがどんどん広がっていく。

たとえば「競争型」組織だったら、自分たちが苦労して開発したホタテ養殖の技術を絶対に人に教えない。それが自分たちの競争力の源だから当然の措置だ。しかし佐呂間漁協の皆さんは、他の漁協や漁業者の皆さんを「ともに漁業にいそしむ仲間」と見なしているので、養殖技術をわかちあうことに躊躇しない。佐呂間漁協の皆さんは、他の漁業者をステークホルダーだと、すんなりと位置づけておられるのだ。誰を自分たちのステークホルダーと位置づけるかによって、その組織の行動がまるっきり変わってくる。

6.3 ステークホルダー論の生い立ち

「ステークホルダー」という考え方が初めて使われたのは、一九三〇年代のアメリカだと言われている。総合電機メーカーのジェネラル・エレクトリックス、衛生・医療用品のジョンソン&ジョンソン、百貨店のシアーズなどが導入した。[*78] それを経営学の研究者たちが取り上げて、後のステークホルダー論に発展していった。

当初、ステークホルダー論は企業防衛的な見かたでとらえられていた。「株主、社員、顧客、取引先といった直接かかわりのある人たちだけを相手にしていたら、ある日突然、環境保護団体や消費者団体から抗議行動を受けてしまった」「思わぬ相手から突き上げを食らわないように、わが社にはどのような『利害関係者』がいるのかをあらかじめ特定して予防策を講じよう」というわけである。

研究者たちもそれを受けて、ステークホルダーを「政府の圧力、特定の目的を持った団体、業界団体、国際的競合相手、反体制的株主など、企業に影響を与える組織や集団、あるいは従業員の権利、労働差別、環境汚染、消費者の権利、政府の規制などの複雑な諸問題にかかわる利害関係者」としてとらえていた。[*79]

その後ステークホルダーの概念は様々な議論を経て、モラルと価値を組織経営の中心的要素に位置づける「組織マネジメントと倫理に関わる理論[*80]」へと発展した。ステークホルダー型経営は単に株主の富を最大化するよりも、もっと総合的な視点を持つようになっていった。組織がかかわるステークホルダーたちの利益とゆたかさ（ウェル・ビーイング）への着目と貢献という姿勢が、この概念の中核をなすと認識されるようになったのである。[*81]

ステークホルダー論研究の第一人者であるR・エドワード・フリーマンは「ステークホルダー理論では、あらゆる企業経営のゴールはその企業とすべてのプライマリー・ステークホルダーの繁栄である」と述べている。彼は「倫理を無視してビジネスについて議論することも、ビジネスを無視して倫理について議論することも無意味だ、それは人間を無視してビジネスや倫理について議論することが全く無意味だからだ[*82]」と断じている。

最近のステークホルダー研究者たちは、ステークホルダーたちがお互いへの「お役立ち」をしあうことで「ステークホルダー・ネットワーク」が形成されると考えている。そのネットワーク内では、互酬的な行動が増え、金銭的経済価値では測れない価値が生まれ続ける。そして互酬的な行為だけでなく、見返りを期待せずに「お役立ち」をする行為が増えていき、お互いの信頼がさらに高まり、ステークホルダー・ネットワークをゆたかで強いものにしていくのである。

彼らはまた、ある世代が次世代に益するために自ら犠牲を払った場合、その恩恵を受けた次世代は次々世代の益のために同様の犠牲を払うという、ステークホルダー・ネットワーク内の「世代間互酬[*83]」がリレーされていくとの見解を述べている。[*84]

6.4　私たち生活者の中で育まれるステークホルダー意識

「ステークホルダー」という言葉を知らなくても、最近はステークホルダー的な生活感が人びとの間に浸透してきている。

以前は企業が不適切なことをしていると、社会運動家が声を挙げないと是正されなかった。一九六〇年代に活躍した弁護士ラルフ・ネーダーはそのパイオニア的存在だった。彼は巨大自動車産業にたったひとりで挑戦し、自動車会社が隠蔽してきた欠陥車問題を社会に問いただした。自動車会社は探偵を雇って彼のあら捜しをしたり、ハニー・トラップ（女性による誘惑作戦）をしかけたりと、あらゆる邪魔をしたがネーダーは屈せず、ついに自動車会社は上院の自動車安全問題分科会でネーダーに謝罪し、問題となっていた車種を生産中止にした。

一九六〇年代の日本でも公害反対運動、消費者運動など、様々な社会運動が繰り広げられた。しかし、最近の例を見てみると、ずいぶん様相が違う。有名飲料会社の例を見てみよう。同社の原料仕入れ方法が農園での労働搾取を助長しているという問題を、あるNGOが告発した。そうすると不買運動を起こしたわけでもないのに、消費者が「あそこのドリンクを飲むのはクールじゃない」と、買わなくなってしまったのである。売上が急落してあわてた飲料会社は徹底的にCSR（企業の社会的責任）に取り組み、今ではフェア・トレード優等生に変貌した。

スポーツ用品会社でも同じことが起きた。途上国のスウェット・ショップ（労働搾取する工場）で製品を作らせているという情報が暴露されると、一気に顧客離れが起きた。この会社も今ではCSRの代表企業である。

社会運動家が大声をあげてアジテーションしなくても、ごく普通の消費者がさりげなく購買行動を変えるだけで、企業の存亡にかかわるようなムーブメントが起きてしまうのが最近の特徴である。「強欲型」企業にとっては恐ろしい時代になってきた。

一方で、世の中に「よいコト」をビジネスにしていこうという企業活動が目立つようになってきた。私はこれを「エシカル・ビジネス」[*85]と呼んでいる。このように「エシカル」な企業や組織がどんどん増えてくれると世の中は楽しくなってくるだろう。

消費の現場では、エシカル・コンシューマー（倫理的消費者）という言葉が頻繁に聞かれるようになった。フェア・トレード品を好んで買う、オーガニックな食品や衣料品が好き、など、すっかり私たちの生活にエシカル消費が浸透している。ショッピングを通じて、遠い途上国の顔も知らない人たちが作っている姿を思い浮かべる。環境に寄り添った製法にこだわる。私たちはいつの間にか、大なり小なりエシカル消費をするようになっている。そして自分が買うモノのおおもとまでさかのぼって、そこの人びとや環境と自分とを連環させて意識し、感応している。

私たちはいつの間にか、すっかりステークホルダー的生活を身につけているのである。[*86]

6.5 「株主価値極大化」だからこそのステークホルダー意識

コーオウンド・ビジネスに話をもどそう。コーオウンド会社にとって、何よりたいせつなステークホルダー、つまり第一義のステークホルダーは社員と株主である。そしてこの二人のステークホルダーは社員オーナー一人ひとりの中に同居している。コーオウンド会社は社員オーナーの最大幸福を追求する。しかもそれは、社員オーナーたちが自分たちの行動で自律的に追求する。コーオウンド会社の成長性と収益性が高いのは、会社の目的がはっきりしていて、それを自分たちで追求するからである。

ジョン・ルイス・パートナーシップが掲げている事業目的を思い返していただきたい。

「成功したビジネスを通じてのパートナーたちの最大幸福の追求」である。本書の冒頭で同社事例を読んでいただいたときと、読み進めていただいた今とで、読者の目にはこの事業目的がちがって見えてくるのではないだろうか。そう、これはスローガンなどではなく、コーオウンド・ビジネスのメカニズムをそのまま言葉にしているだけなのだ。「理念」ではなく「仕組み」なのである。

自分たちの幸福が追求できて、努力の成果がそのまま分配される。会社のいごこちがよくなってくる。永く勤めたいと思うようになる。そのあたりから周辺のステークホルダーへの意識が広がり出す。そのステークホルダー意識はサプライ・チェーンをつたって「縦」に深まり、そして自分たちの生活感を通じて「横」に広がっていく。

このあたりから「ビジネス」の目的が再定義されはじめる。利益追求のみを目的とすることの不安定性が見えてくる。株主と社員が分離されていれば、株主は当然株主価値極大化を求めて利益追求を迫ってくるが、このモデルでは、その株主が同時に社員である。金銭的価値だけでなく、社員の幸福、商品・サービスに表現された理念、会社と雇用の持続性、地域・社会・環境との共存、という複合価値で計測されないと株主価値が極大化しない。

そうしてみると、コーオウンド・ビジネスにおいてもビジネスの目的は「株主価値の極大化」である。しかもそれは、金銭価値を含みながらそれを凌駕する、多様で莫大な非貨幣株主価値の追求である。その意味では、コーオウンド会社は新自由主義型の会社よりもずっとアグレッシブだ。

コーオウンド・ビジネス・モデルは、ステークホルダー経営モデルそのものである。

7章 日本のコーオウンド・ビジネス

これまで見てきたように、英米を筆頭としてコーオウンド・ビジネス・モデルが各国に広がりつつあるのだが、日本ではどういうわけか全く普及してこなかった。

ここまで読み進められた読者は「なぜ?」と思われるだろう。私もそうだった、というより今でも「なぜ」と問い続けている。どこかにしっかりと何十年もコーオウンド・ビジネスを営んでいる会社があるのではないかと探し続けている。しかし残念ながら、これまでの私の調査の限りでは、社員の株式所有と情報共有、プロフィット・シェア、オーナーシップ・カルチャーの三種の神器が組み合わさった本格的なコーオウンド会社は存在していない。[*87][*88]

わかちあいの資本主義、情報共有、プロフィット・シェア、オーナーシップ・カルチャー……コーオウンド・ビジネスの持つ性質を知れば知るほど日本にぴったりな気がする。なのに、なぜ普及していないのか。

この疑問に対する答えとして、私はこれまでの日本経済の潮流にその原因があったのではないかと考えている。加えて、実は一度、日本が本格的にコーオウンド・ビジネスを制度的に取り入れるチャンスがあった。しかし、そのときはみすみす、そのチャンスを逃してしまったのである。

7.1 オーナーシップ・カルチャーどころではなかった日本経済の潮流

戦後日本の経済界は護送船団型経済モデルを推し進めて終身雇用型の高福祉経営を敷衍させた。そしてそのモデルに制度疲労が起きた今世紀初頭になって、一気に株主価値極大化モデルに舵を切った。その中にあって、社員オーナーと様々なステークホルダーを大切にするコーオウンド・ビジネスのコンセプトが注目される土壌が整わないまま、ここまできたのではないかと私は考えている。

戦後日本の企業は護送船団方式で隊列を組んで、国の経済復興に邁進した。それは大蔵（財務）省と通産（経産）省が先頭に立ち、二列目に大銀行と総合商社が並び、それに続いてメーカーや地方銀行が隊列に入り、そして部品メーカーなどの中小企業がそれに続いた。「ケイレツ」などという言葉は今では死語に近いが、当時は系列による完全な縦割りの経済体制だったのである。

旧財閥に加えて富士、三和、第一勧業という銀行中心の新興の企業集団が幅をきかせていた。銀行はメイン・バンクとして系列企業の金融を受け持ち、また系列企業間で株を持ち合ってグループ企業の連携を補強した。系列企業集団の社長会が定期的に開かれ、グループ企業間の利害調整が図られた。[*89] 三菱系列の会社の人たちが飲みに行くとキリン・ビールしか飲まない、三井系はサッポロ、住友系はアサヒ、などと、サラリーマンたちのマインドまで徹底していた。当時の居酒屋は品揃えが大変だったことだろう。

この体制の中で、大会社を中心に業務参画や社員福祉が進められていった。労使協議制や職場改善制度が励行されて、[*90] 経営も社員も一丸となって会社をもり立てた。会社は一種の運命共同体と化していた。いったん会社に入ったら終身雇用と年功序列で、失業の心配も若手に自分の地位を脅かされる心配もほぼなかった。

給料はバブル崩壊の頃までずっと右肩上がりだったし、ボーナスもしっかり出た。社長と平社員の給料の格差もとても低かった（ちなみに、現在でも日本企業のトップ経営者と一般社員の年収格差は欧米と比べて非常に低いままである）。

経営陣に入るということは、経営者としての責任と権限を負うというよりも、この運命共同体の中のゴールと位置づけられていた。会社の意思決定には「根回し」「稟議」「コンセンサス」という方法が取られた。非常に時間と手間がかかるが、みんなの意見が集約されて、突出した名案ではないが間違いがなさそうな意思決定ができたし、いったん決めたらみんな納得してその決定に従った。失敗しても実質的に誰も責任を取らずに済んだ。

厚生年金や健康保険の制度が整備され、退職金制度が定着していた。これで病気や老後の心配も緩和された。保養施設がどんどん建ち、社内旅行や会社の運動会などのイベントが矢継ぎ早にあり、仕事の後は、接待がないときは上司や仲間と麻雀か飲み屋に、休日はゴルフに行った。

護送船団型経済体制は、国全体の経済の設計から人びとのライフ・スタイルにまで浸透していたのである。海外の識者や経済人たちに「日本は世界で最も成功した社会主義国家だ」と皮肉られたのも無理はない。

1章3節（21ページ）「しあわせな資本主義」の項でも述べたように、この体制の中で日本のサラリーマンたちの間では「わが社」という帰属意識がしっかりと根付いていた。そして経済の成長とともに会社も膨張していったので、ポスト不足も起こらず内部の軋轢が希釈されて、総じてしあわせなサラリーマン生活を過ごしていたのである。

ところで、この護送船団方式の一環で、大会社を中心に従業員持株会というのが普及した。一九九〇年代には上場会社の九割以上が持株会を持つまでになった。私がコーオウンド・ビジネスの話をすると、よく「それは従業員持株会とどこが違うの？」と聞かれる。この際、整理しておこう。

経済産業省によると、従業員持株会は従業員の財産形成を促進してその生活を安定させること、および会社の利益との共同意識を高めることにより従業員の勤労意欲を向上させてその能率が増進すること、会社に対して長期的なコミットメントを持つ従業員株主を育成することなどで、会社の利益の向上につながるとしている。[*91]

東京証券取引所の調査によると、調査対象上場会社一九九八社に関し、従業員持株会加入者比率は四三・六八％、調査対象会社上場時価総額に対する従業員持株会株式保有金額は一・〇九％に過ぎない。

実際のあり方を見てみると、従業員持株会制度は主に経営側に白票を投ずる安定株主の確保と業務参画意識増進の具として機能しており、株主による経営者の監視、利益最大化と最適配分への圧力、という株主本来の機能はまったく果たしていない。また、非上場会社でも従業員持株会を設けるケースが見受けられるが、これらも同様である。[*92]

社員が支配株主または影響株主となって、それが会社の戦略と文化に影響を与える米国のＥＳＯＰ採用会社[*93]や、潤沢なオーナーシップ・カルチャーを育む英国のコーオウンド会社とはこの点が大きくちがう。

日本の従業員持株会制度は、護送船団型経済モデルのひとつの「部品」としての域を出ることなくここまできたのである。

護送船団型経済モデルは、一九九〇年のバブル崩壊以降二〇年にわたる日本の不況の波にさらされて、そのモデルの有効性を失っていった。グローバリゼーション、ＩＴ革命に後押しされたスピード化の波、ポスト産業社会の到来にさらされ、終身雇用制、年功序列制の仕組みは業務参画メカニズムを機能させにくくなった。

護送船団方式経済モデルは崩れたが、人びとのマインドを変えることはなかなか難しかった。「根回し」「稟議」「コンセンサス」に慣れ切っていた当時のサラリーマンにいきなりそれを求めても無理だったのだ。大会社のサラリーマン経営者はもっとひどかった。なにしろ重役のポストはサラリーマンすごろくの「あがり」だったので、クリエイティブな発案とか、リスクをはった意思決定とかには無縁だったのである。

もちろん、当時でもたいへんな知力と胆力ですばらしい経営をして、灯台のように私たちに希望の光を当ててくれた経営者もおられた。生き方の指標とすべき会社人もたくさんおられた。しかし、総体で見れば、護送船団型経済・経営モデルに慣れ切った人びとに急激な方向転換は無理だった。

そこに米国型新自由主義が上陸してきた。それは護送船団型のマインド・セットとは真逆の規範を人びとに迫った。自由競争が促進され、「ケイレツ」がやり玉に挙げられて崩れていった。これと軌を一にしてメイン・バンク制度も崩れていった。M&Aや外資による買収がめずらしいことではなくなった。サンスイという名門オーディオ・メーカーがM&Aによって外資の傘下に入ったというニュースが「黒船来航」的に騒がれたのも、今では不思議な感覚である。

能力主義が叫ばれて年功序列が崩れた。終身雇用制度（というより慣習）も崩れた。転職が当たり前になり、リストラ・ブームが起こり、非正規雇用を含む雇用形態の複合化傾向が進んだ。

株主価値極大化が企業の唯一の価値基準であり、ミッションだという論調が世間を席巻した。連動して、個人の間でも拝金的な価値観が跋扈するようになった。価値観の「一本足のカカシ」化が進んだ。

このような今世紀初頭の風潮の中で、多くのベンチャー起業家たちは、自分の会社を上場するか売却すること、そうして巨額の創業者利益を得て三〇代か四〇代のうちに引退して富裕層の仲間入りをすることを夢見て邁進した。一九九九年に東証マザーズが開設されて、最近では起業後何年で一部上場を果たすか、というようなレースのような感覚の記事も散見されるようになった。最近も史上最年少の二五歳で東証一部上場を果たしたリブセンスの村上太一氏が話題になった。[*94]

一方、「家業」を営む中小・中堅企業の経営者たちは後継者問題に悩み続け、最近では会社が黒字なのに受け継いでくれる者がいないために廃業をする会社が急増している。東京都事業引継ぎ支援センターによると、二〇一三年度の事業承継に関する相談件数が四五%増加し、廃業や解散が相次いでいるそうである。[*95]

日本経済の潮流が極端から極端に切りかわったために、「企業には多くのステークホルダーがかかわっていて、彼らの『ゆたかさ』に影響力を持つ」という認識が置き去りにされてしまった。

二一世紀に入ったかと思った途端にエンロン事件やワールド・コム事件が起きて、新自由主義型企業モデルの瑕疵《かし》が露見した。そのインパクトが癒えないうちに今度はリーマン・ショックが起きた。マネーに踊らされていた世界経済が一気に収縮してしまい、私たちは米国型株主価値極大化思想への幻滅を体験した。

私たちは今、あらためてビジネスとはなにか、経済とはなにか、それらは私たちのしあわせとどのように関係するのか、しないのか、という根本的な問いを発するようになった。が、それらへの答えがおいそれと降ってきてはくれないまま日々を過ごしている。

7.2 チャンスを逃した

実は日本でも一度、制度としてのコーオウンド・ビジネス・モデルが緒につきそうになったことがあった。

経済同友会が二〇〇一年三月に「社会保障制度改革の提言」において「米国ＥＳＯＰの日本導入」という項目を設け、「株式相互持合解消の動きへの対処、及び日本企業の活性化戦略として」米国のＥＳＯＰに相当する制度の日本導入を提言したのである。

同友会はこの提言の中で「二一世紀の日本経済の活性化戦略において、『経済が健全な発展をするためには、一般国民が労働と資本の両方から所得と富を得るようにする』とのコンセプトは重要である」と主張している。

彼らはまた、オーナー企業の事業承継の有効な方法としてのESOPの効用にも注目していた。報告書には「従業員にとっては、オーナーが引退に伴いESOP（すなわち従業員）に保有株を売却すれば、オーナーの引退後も『経営の継続性』が確保される可能性が高まる」と記されている。*96

経済同友会はコーオウンド・ビジネスとしてのESOPに着目して、日本への導入を提言したわけである。

これをきっかけとして、ESOP導入に関する議論が経済界で活発化した。しかし、折しもこのときの経済界は新しい年金制度の議論で持ちきりだった。それまでの確定給付年金が破綻寸前まで来ていて、企業が悲鳴を上げていたのである。早急にそれに替わる年金制度を導入しなければと経済界は躍起になっていた。

ESOPはコーオウンド・ビジネスとしての側面と退職金・年金制度としての側面をあわせ持っている。ESOP給付の増大によってコーオウンド化が実現するし、自社株式の給付を受けた社員は退職時にそれを引き出して現金化し、退職金・年金として受け取る、という仕組みである。

残念なことに、ESOP日本導入の議論は年金制度としての議論のみに収斂してしまい、コーオウンド・ビジネス・モデルとしてのESOP議論は置き去りにされてしまった。

年金議論ではどちらも米国発の401(K)とESOPが検討対象となった。401(K)は拠出者（つまり会社の社員）が様々な金融商品を組み合わせてリスク分散を図る。一方、ESOPは投資対象が自社の株式のみである。年金には安定性が必要である以上、年金制度の見地だけから見れば軍配が401(K)にあがるのは明らかだった。その後のいきさつはご存じのとおり、企業年金は確定給付年金から日本版401(K)による確定拠出年金に移行していった。[*97]

このようないきさつでESOPの議論は収斂してしまったのだが、その後、複数の金融機関がこれをヒントにして、適格退職金・年金スキームを提供する金融商品を開発した。現在「日本版ESOP」と呼ばれるものは一般にこれら金融商品の総称である。

日本版ESOPは金融商品なので、それを扱う金融機関が日本版ESOP採用企業から運用手数料、貸付利息、株式売買手数料などを徴収することで成り立つ。当然、金融機関は商品としての利益効率を求めるため、販売先は基本的に大手企業、上場会社に絞られる。また積み立てられた株式の従業員退職時の現金化は株式市場での売却以外に方法が設定されておらず、非上場会社には採用不可能である。

新日本監査法人の二〇一〇年九月調査によれば日本版ESOP採用の非上場企業は大塚ホールディングス株式会社一社のみだったが、同社は同年一二月に株式上場した。現在の日本版ESOP採用企業はすべて上場企業である。[*98]

この実態でわかるように、米国ではESOPが企業のコーオウンド化の強力な道筋として立脚したのに対し、日本版ESOPは従業員の退職金・年金インセンティブの方策として提案される金融商品に過ぎない。

現状を見る限り、経済同友会が提案したようなコーオウンド・ビジネスとしてのＥＳＯＰへの道は閉ざされたと言わざるを得ないのである。

7.3 今こそチャンス

このようないきさつによって、日本にコーオウンド・ビジネスは育たなかった。「もっと理由があるはずだ」と私に食い下がってこられる経営者の方もいらっしゃった。私も今でも一生懸命調べ、考えている。しかし「なぜそれがあるのか」という疑問はある程度回答を見つけやすいが、「なぜそれがないのか」という疑問への答えは見つけにくいものである。

戦後の日本株式会社型の土壌や経営モデルにただなじまなかったから、というのが一番近い理由なのではないだろうか。

ない理由を探すのもさることながら、現状の認識のほうが大事である。そしてこれから何をするかである。

日本の会社を、日本の社員を、元気にする新たなモデルが求められている。今こそコーオウンド・ビジネスに取り組むチャンスである。これについては、会社のオーナー社長やオーナー家からの見地と、社員からの見地、そして全体的な潮流の三つの見地で見ていこうと思う。

オーナー経営者やオーナー家にとって、今までの事業承継の道筋は、前述のように息子さん、娘さんなどの同族に承継するか、がんばって上場するか、M&A（会社売却または合併）で他社の手に渡すか以外に選択肢がなかった。しかし、同族承継かM&Aや上場のような他者承継の二者択一しかない時代は終わろうとしている。第三の道、従業員承継の道筋が目の前に開けているのである。

私は会計・税務の専門家、法律専門家とワーキング・グループを組んで、二年間かけて日本の会社のコーオウンド化についてのスキーム構築を行った。その結果、現行の法・税制で会社のコーオウンド・ビジネス化をはばむものは何もないことを確認した。さらに上手にスキームを組めば、所得税の節税や相続税対策が可能なことも発見した。ただし、当然のことだが社員に株式を有償・無償で譲渡した際、また社員が株式を売却した際の税制優遇は存在しない。

もちろん、注意すべきチェック・ポイントはたくさんある。最大のチェック・ポイントと言えば、それはオーナーのマインド・セットと社員の皆さんの間でのオーナーシップ・カルチャーの醸成だろう。すでに私どもに「自分の会社を『みんなの会社』にしてほしい」とご相談をいただき、コーオウンド化のプロセスを歩み始めている会社もある。

次に社員の見地から見てみよう。バブル崩壊以前の会社員は、全体主義的な風潮の中で、上から会社へのロイヤリティを求められて生きてきた。その分、生活は安定していたが自由はなく、稟議に次ぐ稟議で丸められ、創意工夫の余地はなかった。

一方、バブル崩壊後の会社員は、転職も自由で独立起業もしやすくなったが、競争が厳しいうえに、ものごとの変化も目まぐるしく、安心して働ける拠り所がなくなってしまった。

多くの人にとって「仕事」と「しあわせ」が結びつかないものになり、「働くこと」と「生きがい」の間が遠いものになってしまった。働く人の環境とライフ・スタイルは戦後七〇年間、ひとつの極端から逆の極端に振れた。

そのような現代の状況の中で、自由競争とチャレンジに積極的に身を投じて自己実現をつかみ取ろうという人もたくさんいるだろう。そのライフ・スタイルやプラットフォームとしての高度競争型企業を非難するつもりは毛頭ない。しかし、その逆の選択肢がなければ不健全である。わかちあい、助けあいの文化共有を求める人びとは、とても多いにちがいない。コーオウンド会社がたくさん登場してくれると、働き方が百花繚乱に多様化してくれることは間違いない。

米国では高度競争型のキャリアをひた走るライフ・スタイルを「ファスト・トラック」、仕事もさることながら、家族や友人との時間、ボランティア活動や趣味の追求も大切にして、ゆったりと暮らしていこうとするライフ・スタイルを「スロー・トラック」と呼ぶそうである。

「ファスト」か「スロー」かは別として、多様な働き方が用意されていて、人びとがその間を自由に行き来できるような、「働き方のダイバーシティ」が実現した日本の社会の到来を望むのは私だけではないだろう。コーオウンド・ビジネス・モデルはその道筋を示してくれる有力なモデルである。

三つめ、経済・経営の潮流から見てみよう。戦後の護送船団型の経済・経営モデルは、経済復興と成長の時代にはものすごい威力を発揮した。このモデルはバブル崩壊前まであまりによく機能したし、官民をあげての大型モデルだったために、陳腐化した後にはこのモデルを脱ぎ捨てるのにとても苦労した。ＩＴ化やグローバル競争が迫ってくる中で、真逆の新自由主義型経済・経営モデルをぶつけざるを得なかったのも、今となってはうなずける。

さあ、これからどうする。護送船団型に、あるいは新自由主義型に取って替わる経済・経営モデルはあるのか。私はそれはないと考える。ひとつの大きな代替モデルを探すのではなく、今は多様な経済・経営モデルが林立することこそ日本経済を元気に、打たれ強く、そして持続的にしてくれると、私は信じている。

新自由主義の権化、米国が同時にいつの間にかコーオウンド・ビジネス大国になっている。英国に目を転じると、ニック・クレッグ副首相が英国をコーオウンド・ビジネス大国にすると宣言した。彼は二〇二〇年までにコーオウンド・ビジネスが英国ＧＤＰの一〇％を稼ぐようになるまで成長させると述べた。ということは、九〇％は別の経済・経営モデルでまかなうということである。

どちらもとっくに経済の多様性に舵を切っているのである。私たち生活者にとっても、そのほうがずっと健全で楽しいではないか。

英国ジョン・ルイス・パートナーシップがパイオニア企業としてコーオウンド会社に転換した際、そして当時のオーナー、ジョン・スピーダン・ルイスがその決断をするに至った一九二〇年代には、コーオウンド・ビジネスなどという概念は存在していなかった。もちろんそれを優遇する法制度も税制も存在などしていなかった。*99

彼が先鞭をつけてコーオウンド・ビジネス・モデルを世に示したことで、多くの心ある企業経営者が彼の轍をたどり、道筋を広げ、それが後の法制、税制の整備に結びついていったのである。

私たちは、ナントカミクスというお上だのみに期待したり批判するよりも、自分たちの元気やフロンティア・スピリットで「ビジネスとは」「『しごと』とは」「働くしあわせとは」という問いに対する回答を見つけたいのではないだろうか。景気がどうした、グローバル競争がこうしたというマクロ・トレンドばかりに翻弄されないモデルを見つけたいのではないだろうか。

コーオウンド・ビジネスがその希求に対する回答をもたらしてくれる、いくつかのモデルのうちのひとつであることは間違いない。

8章 なぜ会社をコーオウンドにするのか？ ガット・フィーリング

前章では、日本でいまだコーオウンド・ビジネス・モデルが敷衍していないいきさつをご説明し、そして今こそがチャンスだと提案させていただいた。問題はほんとうにそれが実現するのか、誰がするのか、ということである。

最終章では「ガット・フィーリング」というキー・ワードを軸に置いて、そのあたりに分け入ってみようと思う。あなたのガット・フィーリングに響くか響かないか、ご自身の反応も楽しみながら読み進めていただければと思う。

英語の表現に「ガット・フィーリング（gut feeling）」というのがある。ガットとは体の腸のあたり、つまり「肚《はら》」である。頭で考えることと違って肚のあたりで感じること、それがガット・フィーリングである。日本でも「頭では『理解』できるんだが、肚では『納得』できない」などという。

英米ではコーオウンド・ビジネスが経済界の一角を占めるようになる一方、株主価値極大化型、新自由主義型の経営もあいかわらず根強い。その中でコーオウンド化に踏み切った事業家たちの行動を見ていると、「有利な事業承継の方法だ」「会社のパフォーマンスが飛躍的に上がる」「社員も喜ぶ」「創業家の関与のさじ加減も可能だ」といった、このビジネス・モデルが持つ優位性に着目して、という動機はもちろんあったのだが、何かそれだけではない気がする。

私が欧米や日本のビジネス・パーソンたちにコーオウンド・ビジネスの話をすると、「おもしろい！もっと聞かせて」という人と「ふ〜ん……（冷めた口調で）おもしろいねえ」とまったく琴線に触れない人とに二分される。ビジネスの話題でこれだけ反応にコントラストがあるのもめずらしい。この差は何なのか。

私はそれは事業家一人ひとりのガット・フィーリングにかかわりがあるのではないかと考えている。いや、そう「感じ」ているのである。

8.1　クリフ・バー＆Co.

ガット・フィーリングということを鮮明に見せてくれる事例がある。この会社はガット・フィーリングに導かれた創業者が注目すべき事業を確立し、そのガット・フィーリングに導かれてコーオウンド化スキームを導入した。

写真 8.1-1　クリフ・バー本社

舞台は米国カリフォルニア州のベイ・エリア。サン・フランシスコを中心として、バークレー、スタンフォード、サンノゼなどのボヘミアンな都市を擁するクリエイティブな地域である。このベイ・エリア、エメリービルにとびきりクリエイティブで冒険的な会社、クリフ・バー（Clif Bar & Co.）がある。

クリフ・バーはスポーツ・フリークの創業者ゲーリー・エリクソンが実家のキッチンで母とともに作り上げたエナジー・バー（栄養補給食品）を事業化して、またたく間に全米トップ・シェアの会社に成長した。

クリフ・バーはコーオウンド会社である。創業者のゲーリー・エリクソンはこの冒険的起業家人生の中で一度会社を他社に売りかけた。それを契約に署名するまさにその日に売却を撤回して、コーオウンド化に至る道へと歩み出したのである。

この道筋を理解するには、エリクソンが築き上げたユニークな経営方針に触れる必要がある。彼の自叙伝「Raising the Bar—Integrity and Passion in Life and Business」[*100]にはそのワクワクするような半生がつづってある。邦訳もあるので、ご興味ある読者は参照されたい（『レイジング・ザ・バー〜妥協しない物つくりの成功物語』エイアンドエフ刊）。

ゲーリー・エリクソンは決してお金持ちではないが、家族を大切にし、しょっちゅうスキーやハイキングなどに連れて行ってくれた両親のもとで育った。彼はトランペットに夢中になり、自転車を乗り回し、ロック・クライミングに明け暮れる青春時代を送った。高校卒業後はスキー・ショップに勤めたり、駐車場係やウェイターの仕事をしたり、シエラ山脈のガイドをしたり、自転車メーカーに勤めたりしながら、いくつかのバンドで演奏をし、岩登りをし、長距離の自転車旅をして暮らしていた。

あるとき、彼は自転車仲間のジェイと一日で一七五マイル（二八〇キロ）を走るツーリングに出た。彼らは走っている間ずっと既製品のエナジー・バーをかじってエネルギー補給をしていたが、エリクソンは何個目かにかじりついたとき、急にいやになってその後ひとかけらも口にできなくなってしまった。「もっといいエナジー・バーを自分の手で作りたい」という衝動に突き動かされ、彼は実家のキッチンで二か月間、母親とともに試作品を作り続け、ついにおいしくて栄養バランスがよく、効率的にエネルギーを補給してくれるエナジー・バーを作り上げた。

もともと彼はこれを事業化するつもりはなく、ただ自分が満足できるエナジー・バーを作って食べたかったのだ。そして友人たちに配ってよろこんでもらいたかった。

彼のエナジー・バーはアスリートたちをとりこにした。口伝えに欲しい人がどんどん増えていった。

彼らの要望に応えるためにエリクソンはこのバーを「クリフ・バー」と命名、ついに事業化に踏み切った。

一九九二年にビジネス・パートナーとの五〇対五〇の共同事業として一〇〇〇ドル（約一二万八〇〇〇円[*101]）の資金で会社を設立。本格的に生産を始めたところ、初年度にいきなり七〇万ドル（約八九〇〇万円）売れてしまった。その後クリフ・バーは引っ張りだことなり、エリクソンとパートナーはそれに合わせて業容を拡大、事業は一九九九年には年商四〇〇〇万ドル（約四六億円[*102]）にまで成長した。

二〇〇〇年、大手食品メーカーから一億二〇〇〇万ドル（約一三〇億円[*103]）でクリフ・バー&Co.を買収したいという話が持ち上がった。実家のキッチンで始めたビジネスがわずか一〇年で一億二〇〇〇万ドルに化ける。パートナーとの五〇対五〇の共同事業なのでエリクソンには六〇〇〇万ドル（約六五億円）が転がり込む。それだけの金持ちになったらもう働く必要はない。南洋の島でゆったり過ごして、お気に入りの社会活動を見つくろっては小切手を切って寄付をしてあげる人生が待っている。

エリクソンは積極的にこの話を進めた。エナジー・バーの市場も競争が激化しており、巨大食品会社が進出を始めていた。クリフ・バーの競合相手のパワー・バーはネスレが買収した。バランス・バーはクラフトの傘下に入った。

大手企業がその気になればエナジー・バーの広告費に五〇〇〇万ドル（約五四億円）を投入するのは

屁でもない。クリフ・バーにとってその額は、会社の年商すら上回る、気の遠くなるような金額だ。クリフ・バーが今後も生き残り、成長を続けていくには大手の傘下に入り、充分な資金のバック・アップを得るのが唯一の正解に思えた。銀行家やコンサルタントもそれ以外にないと力説した。

それにしても、絵に描いたようなアメリカン・ドリームである。その夢が目の前で現実のものになろうとしている。しかし、エリクソンはこのドリームにワクワクするどころか、ムカムカして何週間も眠れなくなってしまった。

株式売買契約署名の朝が来た。会議室には会社を買いにきた食品会社の重役や弁護士が勢ぞろいしていた。エリクソンは自分のオフィスを出て会議室に向かおうとしたが、体にふるえがきて息も苦しくなってしまった。彼は会議室に行かずに外に出た。会社のまわりを歩き始めた。そして彼は泣き出した。

「どうしてこうなったんだろう」「なぜ俺はこんなことをしようとしてるんだ」

ガット・フィーリングである。彼のガット・フィーリングが「やめろ」と叫び続けていたのがようやく彼の耳に届いたのだ。「『白い道』を思い出せ。今やろうとしていることは『赤い道』だぞ」と。「そうだ、俺はこれをやらなくていいんだ」という考えが湧いてきた。自由なワクワク感が戻ってきた。彼はオフィスに戻り、契約に署名しないと宣言した。売却の話は白紙に戻された。

彼のガット・フィーリングを呼び覚ました「白い道」「赤い道」とは何だろうか。

エリクソンが「白い道」のインスピレーションを得たのは、クリフ・バーを創業する数年前にさかのぼる。彼は自転車仲間のジェイとともにヨーロッパへ飛び、総行程一〇〇〇マイル（一六〇〇キロ）以上におよぶアルプス越えの自転車旅に出た。

彼らはかなり大ざっぱな地図を持って旅に出たのだが、その地図によると次の目的地に向かうのに、赤い線で描いてある道路が最短距離を示していた。さっそくその「赤い道」に入ると、それは幹線道路だった。ものすごい交通量で自家用車や大きなトラックが速度を上げて自転車のそばを通り過ぎて行く。緊張の連続で、騒音のためにジェイとろくに話もできない。途中休憩や食事を取ろうと思ってもファスト・フード・チェーンばかり、宿もチェーン・ホテルばかりで、地元の文化の香りもしない。

辟易とした彼らはあらためて地図を見てみた。別ルートがあるにはある。それは「白い道」で地元の生活道路らしかった。グニャグニャとまがっているし、ところどころ道が消えている。ひょっとしてつながっていないのかもしれない。

彼らは意を決して白い道を進んだ。赤い道を走るのとは違う緊張感があった。赤い道は何も考えなくてもまっすぐ目的地に向かっていたし、途中ちょうどよい場所に味気はないが食堂も宿もあった。白い道は分かれ道がいっぱいあって、そのたびにどっちに行けばよいのかを自分たちで判断しなければならなかった。途中でほんとうに道がなくなってしまったこともあった。彼らは山の稜線を自転車を担いで踏破しなければならなかった。食堂も宿も自力で探した。

これがたまらなく楽しかったのだ。迷子になれば村人が声をかけてくれる。食堂や宿の人たちも親切にしてくれた。山越えで凍傷にかかりかけたときには、たどり着いた村のおばさんが彼らを見かけるや否や、とっ捕まえるように自分の家に迎え入れ、彼らをシャワーに放り込んだ。そしてあたたかいスープ。彼らが元気を取り戻すと、おばさんは二人を抱きしめた後、彼らを見送ってくれたのだった。

エリクソンはこの「赤い道」と「白い道」の体験から人の生き方、会社のあり方についての深い洞察を得た。

「赤い道」が人に与えるものは「目的地」である。A地点からB地点に最短距離で最も速く人を運んでくれる。途中ガソリン・スタンドも食堂も宿もいくらでもある。しかし、その道はハイ・コストでリスクも高く、他人が多く走っているので競う必要がある。地元の人びととの交流など望むべくもない。目的地へ向かうというただ一つの目的のために、すべてのものごとが整えられているのだ。自分がコントロールできることはほとんどない。これを会社経営にあてはめると、株主価値極大化に向かってつっぱしる最近の代表的な企業経営に例えられる。

「白い道」が与えてくれるものは「道」そのものである。その道を踏みしめ、味わい、道筋の人びとと交流し、そして進む道を自分で選んでいく。白い道を進むには重装備は避けたほうがいい。その道程は静かでシンプルである。道に迷ったり道がなくなったりするので、そのたびに自分の「肚」に訊いて判断する必要がある。選択肢は何百もある。リスクは身の丈大で、一つひとつ自分でリスクを取る必要がある。そして、何よりも楽しい。自由だ。この「白い道」がそのままエリクソンの会社経営の道しるべになった。

「目的地」ではなく、道そのものがクリフ・バーをドライブさせる原動力となったのだ。「白い道」は事業のいたるところでクリフ・バーのユニークさを際立たせた。たとえば会社としてアスリートの支援をするときも、ただゴールを一番で通過することだけしか考えない選手のスポンサーとなることは避けた。クリフ・バーはがむしゃらな一位のアスリートよりもおだやかな二位のアスリートを支援した。スポーツの喜びはゴールそのものではなく、ゴールへ向かうプロセスにある。フレンドリーで、真摯に練習に取り組み、たのしく、なにより尊大でない人のスポンサーとなった。

そんなエリクソンがなぜ会社を売る一歩手前まで行ったのか。彼は著書の中で、世の中に蔓延している「ノーム（norm）」、つまり規範的な道筋というものにはまってしまいかけたのだと述べている。そのシナリオは次のようなものだ。

あなたは起業家である。あなたの会社が順調に成長したのはいいが、成長しすぎて手にあまる感じがしてきた。あなたは疲れた。ストレスにまみれている。忙しすぎる。大企業と互角に戦い続けるのがとても困難に思えてきた。会社を売っても自分自身と会社の精神は維持できるのではないかと思う。そこに買収のオファーが来る。金額がおそろしく魅力的だ。まわりの専門家たちも強く勧めてくる。さあ会社を売ろう。[*104]

これがノームに陥っていくシナリオである。エリクソンはガット・フィーリングのおかげで、これがノームだと気づいたからこそギリギリのところで踏みとどまることができたのだ。

ノームの原動力は恐怖である。「この会社にたいへんな努力を傾注してきたが、それは一夜にして雲散霧消し得るのだ」「成長するためには外部からの資金が必要だ」恐怖がクリフ・バーの社内で膨らんだ。恐怖がエリクソンをベストなパフォーマンスから遠ざけた。クリフ・バーのスピリットが消失しそうになった、そのときにエリクソンは「ガット」に救われた。「会社を売るということはビジョンをも売り払ってしまうことだ。それは社員への約束、顧客への約束、なにより自分への約束をやぶることだ[*105]」

彼は「ガット」に従うことを次のように描写している。「ガットに従うとは無作為な選択や非合理的な選択を行うことではない。それは経験、ロジック、情熱、クリエイティビティを未知の事象に注ぎ込んで、そしてそれを瞬時に意味あるものに昇華させることだ[*106]」

エリクソンの会社を売らないとの突然の決定に対し、ビジネス・パートナーは非常に驚いたし、賛同できなかった。彼女は経営に疲れており、一日も早く楽隠居をしたかったのだ。エリクソンは銀行から巨額の借金をして彼女の持ち株をすべて買い取った。こうしてエリクソンと妻のキットはクリフ・バーの一〇〇%株主になった。

今日、エリクソンは南洋の島でゆっくりするかわりに、今までの人生で一番忙しく仕事をしている。彼の「白い道」がクリフ・バーをこのうえなくイキイキとしたハッピーな会社にしてくれているのだ。

彼は、「ビジネスには金銭を超越した目的がある。私たちは生きる目的を求めて歩み続けるが、ビジネスも同様だ」[*107]と述べる。株主価値とは一般的には株価と配当金額を指すが、一〇〇%オーナーとなったエリクソン夫妻は彼らにとっての株主価値を再定義した。健全な利益は必要だ。しかし利益を得ることがクリフ・バーの存在理由ではない。利益を出し続けることはクリフ・バーを健全な状態に保ってくれ、長期間にわたって良きことを実践していくことを可能にしてくれる。利益はそのためにある。

また、原材料を安いものに替えて利益率を上げることはむしろ彼らの株主価値に反する。健全な株主価値とは人びとが欲しいと思う健康的な製品を創出することだ。そしてクリフ・バーが地球に対する負荷を極少化することが株主価値だ。会社が人びとに単に食い扶持をあてがうだけでなく、彼らの生活を支え、彼らが人生を経験する場を提供することが株主価値だ。社員がたのしんで、一生懸命仕事して、彼らの生きる世界に意味があると思ってもらうことが株主価値だ。社員が喜んで会社に来てくれて、仕事に情熱を燃やして、そしてバランスのよい生活を営んでくれることが、エリクソン夫妻にとっての投資へのリターンなのである。

このユニークな、しかし会社というものの本来の存在理由に根ざした株主価値の設定と実現を進めるには、彼らが一〇〇％株主であることが必要だった。彼らはこの価値極大化に向けてドライブをかけていった。

彼らは会社の中にジムを作り、ボルダリングの壁を作り、マッサージ室、瞑想室、遊戯室を作った。スタジオを作ってヨガ、ピラティス、格闘技など二〇以上のレッスンを提供した。オーガニック・レストランや保育所も作った。社員はこれらの施設やプログラムを就業時間中に無料で利用できるのである。

社員の勤務は隔週で週休三日だし、一二月は二五日から正月まで会社を閉じる。さらにサバティカル制度を設けており、社員は七年ごとに三か月の有給休暇を得る。希望すればサバティカルをさらに三か月無給で延長することができる。パーティ、ファミリー・ピクニック、自転車競技などのイベントも目白押しである。

クリフ・バーでは社員がボランティアに携わる合計時間が年間二〇八〇時間となることを目標としている。このボランティア時間も有給である。社員たちが社会や環境のために活動することは、クリフ・バーの会社としての存在理由のひとつだと位置づけられている。

エリクソンは会社のバランス・シート（貸借対照表）に会社の長期的未来への準備が反映されていることにこだわる。その勘定科目には製品の統合性、社員、コミュニティ、そして地球が含まれている。

クリフ・バーはフォーチュン誌のベスト・カンパニー・ランキングでトップ20に選ばれ、また「ベスト・プレイス・トゥ・ワーク（最高の職場）」ベスト10の常連でもある。

私たちが同社を訪問して驚かされたのは、会社の天井に自転車、カヤック、サーフ・ボードなどがすごい数でぶら下げてあり、オフィスがたのしさに満ちあふれている様子だった。社員たちも笑顔いっぱいである。

私たちが同社を訪問したときに、人事担当副社長のクローディア・パーキンスは次のような話をしてくれた。「最近、一人分だけ求人をかけました。辞めた女性の補充です。彼女も会社を辞めることをすごく悲しんでいたんですが、ご主人の転勤について行かざるを得なかったんです。一人の求人に対して三〇〇〇人の応募があって、選ぶのに苦労しました」

二〇一〇年、クリフ・バーはＥＳＯＰを導入して、二〇％社員所有のコーオウンド会社になった。今後、社員所有比率を三二％まで上げる計画だという。最高財務執行役（ＣＦＯ）のリッチ・ボラーノによるとコーオウンド化して四年がたち、社員のオーナーシップ・マインドが高まったという手ごたえを感じるそうである。

彼は次のようにコメントしてくれた。

正直なところ、コーオウンド化を導入した当初は、みんなの反応は『何これ……』という感じでした。でも、自分の口座に株が貯まり始めていると知ることで、これが将来に自分の退職金になるんだというモチベーションになっていきました。

そして、会社の利益、効率性に彼らの目が行くようになりました。スマート・スペンディング（賢いお金の使い方）というプログラムが実施され、ただコストを下げるだけでなく、より会社が利益を向上させるためにはどうしたらよいか、内製化とアウトソーシングのどっちがいいのかなど、社員自ら検討を重ね、より効率的に営業費を使うようになりました。

リッチは、コーオウンド会社にとって大切なポイントを、次のように指摘してくれた。

当社のように、社員所有五〇％以下というマイノリティー・コーオウンド・ビジネスのポイントは、いかにオーナーと社員が同じ目線でものごとを見ることができるかという点だと思います。オーナーと従業員がともに、同じタイムラインで同期できることが重要なポイントです。両者ともが長期的視点を持っていたらうまくいきますが、どちらかが短期的視点でものごとを見ていたらコーオウンド化はうまくいきません。

当社はゲーリー・エリクソンが設定した「五つの願い」という価値観に基づいて日々運営しています。五つの願いとは、①ブランドの維持、②ビジネスの維持、③社員の維持、④コミュニティの維持、⑤地球の維持です。この五つの価値基準は社員たちに浸透しており、これに添ってコーオウンド化を進めました。そのため、当社のコーオウンド化は社員たちになじみやすく、長期的な視点に立ちやすい特徴があったと言えます。

写真8.1-2　クリフ・バーのクローディア・パーキンス（左）とリッチ・ボラーノ（右）

クリフ・バーでは、社員所有比率を三二％に上げた後、それ以上に上げていく計画は現在のところ、ないそうである。これは、同社の経営スタイルである「白い道」を堅持し、そしてエリクソン夫妻が掲げた株主価値の追求を続けるためには、夫妻の持ち株比率が過半数であることが必要だから、との考えに基づく。

ゲーリー・エリクソンはすでにＣＥＯ（最高経営執行役）の役職を非同族の重役に継承している。が、所有の承継は今後どのようにデザインしていくのだろうか。エリクソンの著書でも「その先」のことに触れてはいるが、あえて具体的な著述はしていない。ものすごくユニークで人間的なクリフ・バーの文化が、どれほど社員たちのオーナーシップ・カルチャーによって支えられるようになるかが、その決め手になるのだろう。[*108]

将来がいっそう楽しみな、目を離せない会社である。

8.2 ガット・フィーリングが彼らを突き動かす

オーナーたちをコーオウンド化に駆り立てるガット・フィーリングとは何なのか。私は、それは「自分は何のために事業を興したのか」「会社は何のためにあるのか」「なぜ自分の人生を超えても会社を残したいのか」「しあわせとは何なのか」という根源的な自問に対する、理屈を超えた回答なのではないかと考える。

ガット・フィーリングとは何かということについて、クリフ・バーのゲーリー・エリクソンは「白い道」と「株主価値」でそのことを明解に示してくれた。ウィルキン&サンズのウィルキン家には創業者のスピリットとティプトリー村への帰属意識がガット・フィーリングとして根付いているのだろう。ボブ・ムーアは「人とのつながり」が彼自身の生き様に直結している。そのガット・フィーリングからすれば、ボブが会社をコーオウンド化することは当然の帰結なのだ。

私たちの誰もがその人独自のガット・フィーリングを持っている。ガット・フィーリングは百花繚乱である。言葉に表すと矛盾だらけで、人に説明しきれるものでもない。なので、ガット・フィーリングをなんとかひと言で言い表したキー・ワードを手に入れると、その人自身にとても有効な指標を与えてくれる。人生の岐路で「こっち」と行くべき方向を指し示してくれる。

ゲーリー・エリクソンは「白い道」というキー・ワードを手に入れた。「白い道」に導かれて世界に二つとないしあわせな会社を築き上げた。ボブ・ムーアのガット・フィーリングは不動だ。彼はいつも「人とのつながり」に導かれてきて、人生の後半でついにボブズ・レッド・ミルを起業するに至った。

本書でご紹介した会社をいっしょに訪問してくれた私の仲間は会社を経営しているのだが、彼は「人のために難問を解決してあげるワクワク感」というガット・フィーリングに突き動かされているそうである。

ガット・フィーリングは往々にして世の中の「ノーム（規範）」とちがうことをしろと耳元でささやく。時には叫ぶ。しかしその叫び声は「静かな叫び」なので耳をすまさないと聞こえないときも多い。

多くのコーオウンド会社を訪問して、自分の会社をコーオウンド化したオーナーの話を聞いた。経営層の人たち、中間管理職の人たち、そして社員の人たちの話を聞いた。それぞれの会社の生成過程もコーオウンド化のプロセスも多様だし、そこで働く人たちもそれぞれに個性的で多彩だった。それでも私は彼らに共通するバイブレーションを感じ取っていた。この「共通のバイブレーション」とは何なのだろう。

おそらく、それはこういうことだ。コーオウンド・ビジネスは「社員がオーナーになってしまう」という、単純明快なビジネス・モデルである。筆者が理解する「モデル」とは、ある組織や事業の基本的な仕組みである。その仕組みは単純なほどパワフルで、それを気に入った人びとがそのモデルを採用していくと、モデルの基本の仕組みの上に、各々の工夫が積み重ねられて多様な展開をしていく。そうしているうちにそのモデルが世間に広まっていく、というあんばいである。[*109] 明解な「モデル」は人びとのガット・フィーリングに一定のバイブレーションを照射する。人びとは多様なガット・フィーリングを持っているので、「モデル」に備わった独特のバイブレーションを直射されると、それに共振したりしなかったりする。

ガット・フィーリングに中庸はない。響くか響かないかである。共振した人は自然とその「モデル」に吸い寄せられるし、共振しない人にはその「モデル」は何の意味もなさない。私が感じたバイブレーションは彼らの共振バイブレーションだったのである。

本章の冒頭で、コーオウンド・ビジネスの話をすると、ピンとくる人と全く反応しない人の差がはっきりしていると述べたが、この現象も「モデル」が照射するバイブレーションによるものなのだろう。共振するかしないかである。

コーオウンド・ビジネス・モデルを目の前にして、オーナー経営者たちは「自分は何のために事業を興したのか」「なぜ自分の人生を超えても会社を残したいのか」という根源的な質問に彼ら自身をさらした。そしてガット・フィーリングが彼らに回答をもたらした。

社員たちはコーオウンド・ビジネス・モデルに身を浸して、「仕事とは何なのか」「自分は仕事を通じて何をしたいのか」「しあわせとは何なのか」という根源的な質問に直面する。人によってガット・フィーリングがただちに共振したり、最初はわけがわからないと思っていたが、だんだんガット・フィーリングがクレッシェンドしてきたりする。まったく共振しない人もいる。「モデル」は人を選ぶし、人も「モデル」を選ぶ。

ガット・フィーリングの共振に裏打ちされたコーオウンド・ビジネスの価値観は、オーナーシップ・カルチャーを通じて社員たちに浸透していく。そして、彼らの行動を非コーオウンド会社には見られない際立ったものにしてくれるのである。

コーオウンド・ビジネスは「社員が大株主になる」という単純な構造で成り立つビジネス・モデルである。そうでありながら、その本質はオーナーシップ・カルチャーという言語化困難な気運、気風、文化である。ガット・フィーリングはこのハードウェアとソフトウェアにまたがってこれらをつなぎ合わせ、そして共振する人びとを魅きつけ、突き動かし、わかちあいを促す。

最終章でガット・フィーリングというキー・ワードを提案させていただいた理由はここにある。コーオウンド・ビジネスはガット・フィーリングによって実現し発展するモデルであり、同時にそのモデル自体が一人ひとりのガット・フィーリングに作用する。

私は日本でコーオウンド・ビジネスが敷衍するのに、潮が満ちるまでの気運の醸成を待つ必要はないと考えている。一人、三人、十人がガット・フィーリングのままに行動を起こし、バイブレーションを発してくれればよい。それがドラム・ビートのように放射して人びとの共振を起こしてくれる。本書がその小さな最初のビートを響かせてくれることを祈念する。

本書はあなたのガット・フィーリングに響いただろうか。

エピローグ

本書の執筆を始めて、私は大切な友人から「あなたのガット・フィーリングは何ですか」と訊かれた。私は虚を突かれた。私はどんなガット・フィーリングに突き動かされてコーオウンド・ビジネスの世界に分け入ったのか。本書を書くに至ったのだろうか。

私は本書の冒頭で、読者に「私たち一人ひとりにとって『しごと』とは何か、『ビジネス』とは何かを問いかけていきたい」と投げかけた。

この問いに対しては「自己実現欲求」と「貢献欲求」の二つの回答が考えられるだろう。「自分で自分を食わせる。家族を養う。よりよい生活を実現する。仕事のスコープを拡大していき、会社に必要とされる者としての地位を確立する。出世をして名誉を得る」自己実現欲求はたしかに人びとを仕事に駆り立てる。

「いや、そんな動機はいつまでも続くもんじゃない。人は仕事を通じて人の役に立つからこそ『しごと』に邁進できるのだ。そうして社会の中で自分の役割を自覚し、担っていくことで自分の身の置き場が与えられて行くのだ」貢献欲求は人びとに「しごと」のあり方を問う。

大方の人にとっての回答は、この二つの欲求がブレンドされたものなのだろう。時間の経過とともに、このブレンド比率は変化していくだろうし、あるいは人によっては一方が建前で他方が本音かもしれない。

私もその一員だった。高付加価値型ビジネスにのめり込み、いかに競争を勝ち抜くかに腐心した。そして燃え尽きた。燃え尽きから立ち上がれたのは「これからは人の役に立つ『しごと』をしていきたい」というモチベーションだった。そしてエシカル・ビジネス・コンサルタントの道を歩き始めた。私が働く理由はまず自己実現欲求に激しく触れた後、同じ振幅をもって貢献欲求に振れたわけである。

しかし、そうしているうちに、貢献欲求一辺倒もウソ臭く見えてきた。「人は霞を食って生きてはいけない」「貧すれば鈍す」「しっかりと儲けてから理想を口にしろ」という言葉が私に挑戦してきた。かと言って、カーネギーやビル・ゲイツのようにがむしゃらに利益に走って、充分に財を成した後に社会貢献すればよいという考えにも同調できなかった。第一、そんな巨万の富を得る才能や根性は、私には備わっていない。

それでも私たちは何かに向かって進もうとする。その指向性がないとやっていけない。私たちはなぜ仕事をするのか、自分を納得させてくれる理由を求め続ける。そうしないと、毎日仕事場に向かう労力を正当化できない。

私は「『しごと』とは」「ビジネスとは」という問いに対して割り切れない「ないまぜ」な気持ちを抱えて生活をしてきた。読者も多かれ少なかれ、この「ないまぜ感」を抱えておられるのではないだろうか。

友人の問いはそのど真ん中を突いたのだった。私は「ないまぜ」なままの私を恥じた。いや、「ないまぜ」ならば「ないまぜ」のままでいいのだが、少なくともそのあり様を解明して、「ないまぜ」を丸抱えしてくれる「しごと」や「ビジネス」のあり方を発見したい。

とびぬけたチャレンジャーの成功物語ではなく、普通の人びとが元気に活躍できる場と方法を発見したい。

私のガット・フィーリングとは「私のような凡人たちが、こぞってたずさわれるしあわせな『しごと』のあり方を見つけたい」というキー・フレーズに収斂していった。そのひとつの回答が、本書で提案するコーオウンド・ビジネス・モデルである。

本書をきっかけとして、日本で多くのコーオウンド会社が誕生してくれることを祈る。また、研究の分野においても、日本では労働者協同組合研究は数多く存在するが、株式会社形態によるコーオウンド事業（従業員所有事業）の研究は、ほとんど存在していないのが実態である。本書および私の博士学位論文「エシカル・ビジネス概念とその事業モデルとしての従業員所有事業」が、日本における従業員所有事業研究の端緒となってくれれば望外の喜びである。

二〇一四年秋、私は仲間とともに米国のコーオウンドの出版社、ニュー・ハービンジャー・パブリケーションズ（New Harbinger Publications）を訪問した。[*110] そのときに応対してくれた財務ディレクターのカーク・ジョンソンの言葉がずっと忘れられずにいる。彼の言葉を読者とわかちあわせていただいて、本書を締めくくろうと思う。

写真 E-1 ニュー・ハービンジャー・パブリケーションズのヘザー・ガーノス（左）とカーク・ジョンソン（右）

金銭的な利益のみを追求したいのであれば、私はこのモデルをお勧めしません。しかし貴社が、健康な利益、その利益のわかちあい、人びとの喜び、助けあいを求める会社なら、そして貴社独自のミッションを成就し続けることを目標としたいのなら、私はコーオウンド・ビジネスより優れたモデルを知りません。

参考文献

A. G. Parfett & Sons Ltd. : http://www.parfetts.co.uk/

American Institute of CPAs. Working Draft of AICPA Accounting and Valuation Guide, Valuation of Privately-Held-Company Equity Securities Issued as Compensation. http://www.aicpa.org/InterestAreas/FRC/AccountingFinancialReporting/DownloadableDocuments/Working_Drafts/Valuation_Equity/WD_Valuation_Equity_Securiti es.pdf#search='practice+aid%2C+valuation+of+privatelyheldcompany+equity+series+issued+as+compensation%2C+

BBC.（２０１２年５月22日）. BBC News Wales. Poencast mining starts at Tower Colliery site in Hirwaun: http://www.bbc.co.uk/news/uk-wales-18156830

BBC.（2009）. Inside John Lewis

BBC.（２０１２年５月22日）. Opencast mining starts at Tower Colliery site in Hirwaun. : http://www.bbc.co.uk/news/uk-wales-18156830

BBC.（２０１４年３月６日）. BBC. BBC News Business: http://www.bbc.com/news/business-26462969

Bibby Andrew.（2009）. From Colleagues to Owners - Transferring Ownership to Employees. London: Employee Ownership Association.

Bob's Red Mill Natural Foods, Inc. : http://www.bobsredmill.com/

Cabinet Office.（２０１２年１月16日）. Deputy Prime Minister's Speech at Mansion House. : https://www.gov.uk/government/speeches/deputy-prime-ministers-speech-at-mansi on-house

Childbase Partnership. : Childbase: https://www.childbasepartnership.com/

Cox Peter. (2010). Spedan's Partnership: A Story of John Lewis and Waitrose. Cambridge: Labatie Books.

Dealey, Renton & Associates. : http://www.dealeyrenton.com/

EBO Group Inc. : http://www.ebogroupinc.com/

Equity Incentives Limited. (2005). Employee benefit trusts. London: Equity Incentives Limited.

Erickson Gary, LorentzenLois. (2004). Raising the Bar - Integrity and Passion in Life and Business. San Francisco: Jossey-Bass, a Wiley Imprint.

Erickson Gary, LorentzenLois, 谷克二訳. (2004=2014). Raising the Bar - Integrity and Passion in Life and Business (『レイジング・ザ・バー～妥協しない物つくりの成功物語』). San Francisco ＝東京都 : Jossey-Bass, a Wiley Imprint ＝エイアンドエフ.

ESOP Association, the. Media Kit 2011. : http://www.esopassociation.org/pdfs/media_kit.pdf

GLL. : http://www.gll.org/b2b

Guardian, The. (２００８年2月20日). Pitting their wits. : http://www.theguardian.com/society/2008/feb/20/communities.welshcollieries

Herga Technology. : http://www.herga.com/

HM Revenue & Customs. (2009). Spotlights 6 and 5. : http://www.hmrc.gov.uk/ avoidance/spotlights5-6.htm

HM Revenue & Customs. (2011). Employee Benefit Trusts, settlement opportunity. : http://www.hmrc.gov.uk/employers/employee-benefit-trusts.htm

John Lewis Partnership. (2009). : http://www.johnlewispartnership.co.uk/

John Lewis Partnership. (2009). Constitution of the John Lewis Partnership, The Introduction, Principles and Rules,

September 2009. : http://www.johnlewispartnership.co.uk/Display.aspx?&MasterId=9d2aa2cb-e971-4782-b6c1-028cc8374ae4&NavigationId=586

John Lewis Partnership. John Lewis Memory Store. :
http://www.johnlewismemorystore.org.uk/page/the_central_council?path=0p315p
KatoTakao, MorishimaMotohiro. (2002). The Productivity Effects of Participatory Employment Practices: Evidence from New Japanese Panel Data. Industrial Relations Vol. 41, No. 4 (October 2002), 487-520.
KoopmanKen. (2012). People Before Profit. Portland: Inkwater Press.
KruseL. Douglas, BlasiR. Joseph. (1997). Employee Ownership, employee attitudes, and firm performance: A review of the evidence. The human resource management handbook, Parts 1-3, 113-151.
KruseL. Douglas, FreemanB. Richard, BlasiR. Joseph. (2010). Shared Capitalism at Work: Employee Ownership, Profit and Gain Sharing, and Broad-based Stock Options. Chicago: University of Chicago Press.
Mondragon Corporation. (２０１５年１月９日) 参照先: Mondragon Corporation:
http://www.mondragon-corporation.com/jp/
Namaste Solar. : http://www.namastesolar.com/
National Center for Employee Ownership, The. : http://www.nceo.org/
New Harbinger Publications. : https://www.newharbinger.com/
Ofsted. : https://www.gov.uk/government/organisations/ofsted
Osmond John. (1995). A tower of workers' strength. New Statesman & Society, 09542361, vol. 8, no. 363.
Phelps County Bank. : https://www.phelpscountybank.com/
Pool Covers Inc. : http://www.poolcoversinc.com/
Quick Solutions Inc. : http://www.quicksolutions.com/
Regional Studies Association, Stationery Office, The. (2001). Out of the Ashes? The Social Impact of Industrial Contraction and Regeneration on Britain's Mining Communities. Seaford: Stationery Office, The.

Retail Week. John Lewis at 150: The History of the Department Store. : http://www.retail-week.com/sectors/department-stores/john-lewis-at-150-the-histo ry-of-the-department-store/5059862. article

Rodgers Loren. (2014). ＮＣＥＯより一般社団法人従業員所有事業協会ホームページ読者への書簡。Oakland, CA: National Center for Employee Ownership.

RosenCorey, RodgersLoren. (2011). Fundamentals of Ownership Culture: Practical Ideas for Creating a Great Employee Ownership Company. Oakland: National Center for Employee Ownership, The.

Scot Forge. : http://www.scotforge.com/

Smith Russell, Arthur Len, Cato Molly Scott, Keenoy Tom. (2011). A Narrative of Power: Tower Colliery as an Example of Worker Control Through Cooperative Work Organization. Working USA: The Journal of Labor and Society, 285-303.

Tower Colliery. T. E. B. O. The Tower Buy Out. : http://www1c.btwebworld.com/tower-coal/tmenu.html

UBH International. : http://www.ubh.co.uk/company.asp

W. L. Gore & Associates. Bringing Dreams to Reality: http://www.gore.com/en_xx/aboutus/timeline/index.html

Wales Online. (２０１０年8月18日):
http://www.walesonline.co.uk/news/wales-news/tower-colliery-plans-open-cast-1903620

Wilkin & Sons Ltd. : http://www.tiptree.com/goto.php?id=12&pg=Tiptree_Farms&sess=+A5957435C501D+658+E1F56405014+F41584313+44519+457435B415A1B125214+543

Wylie Ian. Underground Activists. Fast Company Magazine: http://www.fastcompany.com/44071/underground-activists

かがり火、合同会社 http://www.kagaribi.co.jp/

「かがり火」発行委員会（2010）資本主義内社会主義のような佐呂間漁業協同組合。「かがり火」１３６号、4-7.

ロイター（２０１０年12月６日）大塚ＨＤのＩＰＯ価格は２１００円に、１６００億円調達へ
http://jp.reuters.com/article/topNews/idJPJAPAN-18490320101206

角瀬保雄（1995）労働者協同組合の現状と課題：経営志林32(3)、1995-10-30, 1-21.
黒田敦子（1999）アメリカ合衆国における自己株報酬・年金の法と税制（東京都）税務経理協会
経済産業省 新たな株式保有スキーム検討会（2008）新たな自社株式保有スキームに関する報告書
経済同友会（2001）社会保障制度改革の提言（その5）米国ESOPの日本導入（東京都）経済同友会
従業員所有事業協会、一般社団法人従業員所有事業協会（参照先：従業員所有事業協会）http://jeoa.org/
新日本監査法人（2010年9月1日）従業員株式所有制度（いわゆる日本版ESOP）の内容を記載している事例 http://www.shinnihon.or.jp/corporate-accounting/case-study/2010/2010-09-22-02.html
新日本有限責任監査法人（2013年4月10日）従業員株式所有制度（いわゆる日本版ESOP）を導入している会社
中西聡（2013）日本経済の歴史列島経済史入門（名古屋市）名古屋大学出版会
日経BP社（2012a）東証最年少社長の挑戦：日経ビジネス2012年10月15日号、106-109.
日経BP社（2012b）（2012年9月7日）速報 リブセンス、10月1日に東証一部へ市場変更：日経ビジネスONLINE http://business.nikkeibp.co.jp/article/topics/20120907/236535/
日本経済新聞社（2014）事業承継の相談45％増2013年度都の支援センター経営者高齢化で：日本経済新聞2014年4月26日朝刊。
細川あつし（2014）ステークホルダーが面白い！「かがり火」2014年12月160号、16-19.
細川淳（2011a）ソーシャル・ビジネスのデュアル・ミッション性――その概念、機会と挑戦、及び経営指標の分析と提案：立教大学大学院21世紀社会デザイン研究科修士論文
細川淳（2013）従業員所有事業としての米国ESOP――その長期計画性、従業員参画、ガバナンス：21世紀社会デザイン研究学会誌 Social Design Review vol. 5, 152-163.
細川淳（2014）エシカル・ビジネス概念とその事業モデルとしての従業員所有事業：立教大学大学院21世紀社会デザイン研究科博士論文

三菱東京ＵＦＪリサーチ&コンサルティング（２０１３年12月23日）１９９０年以降の為替相場
http://www.murc-kawasesouba.jp/fx/past_3month.php
http://www.shinnihon.or.jp/corporate-accounting/case-study/2013/2013-03-26.html
渡部潔（2009）日本版ＥＳＯＰ入門スキーム別解説と潜在的リスク分析（東京都）：中央経済社

注

＊1――Cabinet Office 120116, 2012.

＊2――ESOP Association, the.

＊3――Kruse, Freeman, Blasi, 2010.

＊4――John Lewis Partnership, Retail Week.

＊5――Strom, Shelly, The Portland Business Journal, 2005, Koopman, 2012, Prologue x, 筆者による創業者ボブ・ムーア社長（Bob Moore, Founder, President and Chief Executive Officer）およびジョン・E・マコーミック財務・法務担当上級副社長・(John E. McCormick, Executive Vice President, General Counsel）よりの聴取（二〇一三年五月三日）、Koopman, 2012, 254.

＊6――三菱東京UFJ銀行二〇〇五年年間平均TTS（＄一＝¥一一一・二六）三菱東京UFJリサーチ&コンサルティング、2013. 以後、外貨はすべて同様に当該年の年間平均TTSレートにて円換算。

＊7――一ドル＝¥九八・二二：三菱東京UFJ銀行二〇一三年一～一一月平均TTS。三菱東京UFJリサーチ&コンサルティング, 2013.

＊8――三〇〇〇万ドル～五九〇〇万ドルを年率二五％成長として積算。

＊9――筆者によるボブ・ムーア氏、ジョン・マコーミック氏よりの聴取（二〇一三年五月三日）、Strom, Shelly, The Portland Business Journal, 2005.

＊10――筆者によるボブ・ムーア氏よりの聴取（二〇一三年五月三日）。

＊11――Oregon State University, Oregon Health & Science University.

*12――筆者によるボブ・ムーア氏、ジョン・マコーミック氏、Nancy Garner, Executive Assistant to the President, Lori Sobelson, Director of Corporate Outreach よりの聴取（二〇一三年五月三日）。

*13――筆者によるボブ・ムーア氏よりの聴取（二〇一三年五月三日）。

*14――Bob's Red Mill Natural Foods, Inc., Koopman, 2012, Prologue ix-xii.

*15――一ドル＝¥一〇二・七五：三菱東京ＵＦＪ銀行一九九四年年間平均ＴＴＳ。三菱東京ＵＦＪリサーチ＆コンサルティング、2013.

*16――日経ＢＰ社、2012a, 日経ＢＰ社、2012b：村上太一氏は大学在学中の二〇〇六年にネットによるアルバイト紹介サイト運営会社リブセンスを設立。二〇一一年一二月史上最年少（二五歳一か月）で東証マザーズ上場。二〇一二年一〇月一日再び史上最年少（二五歳一一か月）で東証一部上場を果たした。

*17――ESOP Association, the.

*18――Bibby, 2009,10-11, Wilkin & Sons Ltd.

*19――Bibby, 2009, 14-15, Herga Technology, 2015.

*20――Equity Incentives Limited, 2005, HM Revenue & Customs, 2009, HM Revenue & Customs, 2011, 細川、2013,190-193.

*21――American Institute of CPAs, 2012, ESOP Association, the, 細川、2013,134-142, 黒田、1999, 109-126.

*22――Ofsted, 2015.

*23――Bibby, 2009, 12-13, Childbase Partnership, マイケル・トンプソンから一般社団法人従業員所有事業協会宛のレター。

*24――Dealey, Renton & Associates, 2015, 筆者らによるインタビュー（二〇一四年一〇月三日）。インタビューの模様は従業員所有事業協会のホームページで詳しくお伝えしているので、ご興味ある読者はご参照ください。

http://jeoa.org/
＊25――Erickson Lorentzen, raising the Bar - Integrity and Passion in Life and Business, 2004, 268-269.
＊26――Cox, 2010, John Lewis Partnership, 2009.
＊27――Bibby, 2009, 14-15.
＊28――Bibby, 2009, 16-17, UBH International.
＊29――BBC, 2009.
＊30――Rosen Rodgers, 2011, 47.
＊31――Rosen Rodgers, 2011, 48.
＊32――Rosen Rodgers, 2011, 47.
＊33――筆者によるインタビュー（二〇一三年四月）。
＊34――John Lewis Partnership, 2009, 細川、2011a, 88-90.
＊35――BBC, 2014.
＊36――筆者によるスコット・バーダー・コモンウェルスLtd. スー・カーター事務局長（Sue Carter, Commonwealth Secretary）へのインタビュー（二〇一三年一一月一二日）。
＊37――Bibby, 2009, 14-15.
＊38――Bibby, 2009, 12-13.
＊39――Rosen Rodgers, 2011, 51-52.
＊40――Rosen Rodgers, 2011,83-85, Phelps County Bank, 2015.
＊41――Rosen Rodgers, 2011, 81-83, Scot Forge, 2015.
＊42――一ドル＝￥一〇二・七五：三菱東京ＵＦＪ銀行一九九四年年間平均ＴＴＳ。三菱東京ＵＦＪリサーチ&コンサ

ルティング。

＊43――一ドル＝￥一二六・一八：三菱東京ＵＦＪ銀行二〇〇二年年間平均ＴＴＳ。三菱東京ＵＦＪリサーチ＆コンサルティング。

＊44――Rosen Rodgers, 2011, 87-90, Pool Covers Inc., 2015.

＊45――Rosen Rodgers, 2011, 107-110, Quick Solutions Inc., 2015.

＊46――一ドル＝￥八八・七九：三菱東京ＵＦＪ銀行二〇一〇年年間平均ＴＴＳ。三菱東京ＵＦＪリサーチ＆コンサルティング、2013.

＊47――Rosen Rodgers, 2011, 96-97 筆者訳。

＊48――Rosen Rodgers, 2011, 96-97, W. L. Gore & Associates, 2015.

＊49――細川、2014, 220-237.

＊50――一ポンド＝￥一六〇・五三：三菱東京ＵＦＪ銀行一九九四年年間平均ＴＴＳ。三菱東京ＵＦＪリサーチ＆コンサルティング、2013.

＊51――Tower Colliery, Wylie, 2001.

＊52――一ポンド＝￥二三九・九一：三菱東京ＵＦＪ銀行二〇〇七年年間平均ＴＴＳ。三菱東京ＵＦＪリサーチ＆コンサルティング、2013.

＊53――Smith, Arthur, Cato, Keenoy, 2011, 292-294,295, Tower Colliery.

＊54――Smith, Arthur, Cato, Keenoy, 2011, 285, 289.

＊55――Wylie, 2001, 筆者訳、Osmond, 1995.

＊56――Wylie, 2001.

＊57――Smith, Arthur, Cato, Keenoy, 2011, 285, 289, 296.

*58——Regional Studies Association Stationery Office, The, 2001, 153.

*59——Smith, Arthur, Cato, Keenoy, 2011, 285, 289-291.

*60——Wylie, 2001.

*61——Regional Studies Association Stationery Office, The, 2001, 152.

*62——一ポンド＝¥二三〇・八四：三菱東京ＵＦＪ銀行一九九八年年間平均ＴＴＳ。三菱東京ＵＦＪリサーチ＆コンサルティング、2013.

*63——Smith, Arthur, Cato, Keenoy, 2011, 290-291.

*64——Smith, Arthur, Cato, Keenoy, 2011, 289-291, 301.

*65——Smith, Arthur, Cato, Keenoy, 2011, 291, Regional Studies Association Stationery Office, The, 2001, 153-154.

*66——Smith, Arthur, Cato, Keenoy, 2011, 294.

*67——一ポンド＝¥二三九・九一：三菱東京ＵＦＪ銀行二〇〇七年年間平均ＴＴＳ。三菱東京ＵＦＪリサーチ＆コンサルティング、2013.

*68——BBC, 2010, BBC, 2012, Wales Online, 2010, Guardian, The, 2008.

*69——Rosen Rodgers, 2011, 32-33, EBO Group Inc., 2015.

*70——Rosen Rodgers, 2011, 119-120.

*71——一ドル＝¥一〇四・四八：三菱東京ＵＦＪ銀行二〇〇八年年間平均ＴＴＳ。三菱東京ＵＦＪリサーチ＆コンサルティング、2013.

*72——Kramer, 2008.

*73——一ポンド＝¥一三九・五二：三菱東京ＵＦＪ銀行二〇一〇年年間平均ＴＴＳ。三菱東京ＵＦＪリサーチ＆コンサルティング、2013.

＊74——Lampel, Bhalla, Jha, 2010. 四一社の従業員会保有事業組織と二二社の非従業員会保有事業組織を調査。また、四九社の従業員会保有事業組織と二〇四社の非従業員会保有事業組織の業績に関する二次情報をもとに分析を行った。

＊75——Rosen Rodgers, 2011, 120-121.

＊76——かがり火、合同会社。

＊77——かがり火発行委員会、2010. 筆者によるインタビュー（二〇一一年一〇月一八日）。

＊78——Preston Sapienza, 1990.

＊79——Freeman Reed, 1983.

＊80——Phillips, Freeman, Wicks, 2003, 480：筆者訳。

＊81——Phillips, Freeman, Wicks, 2003, 481.

＊82——Werhane Freeman, 1999, 8：筆者訳。

＊83——Wade-Benzoni, 2002.

＊84——Harrison Wicks, 2013.

＊85——細川、2014.

＊86——細川、2014.

＊87——コーオウンド・ビジネス・モデルとの「ニアミス」的な事例として、伊那食品工業株式会社がある。同社は従業員持株会の持ち株比率が四三％（会社四季報未上場会社二〇一五年下期版、東洋経済新報社刊）であり、社員の幸福を追求し、社会に貢献するという倫理的経営を続けている。同社は塚越寛会長の強力なリーダーシップによってその理念が形成されてきており、その意味では必ずしも「オーナーシップ・カルチャー」によるボトム・アップ型経営を行っているとは言えない。また同社は年功序列賃金制度を貫いており、必ずしもプロフ

ィット・シェアを前面に押し出してはいない。本書では、「従業員がオーナーまたは影響株主になる」ことに加えて、「情報共有」「プロフィット・シェア」「オーナーシップ・カルチャー」を要件とするため、同社をコーオウンド会社の範疇に含まないものとして論を進めることとする。もちろん、同社は多くの人が憧れる素晴らしい会社であり、いったんその方向性を持てば、「三種の神器」を備えたコーオウンド会社となるのに最短距離にあると言って差し支えないと考える。

＊88――昭和二六年施行の日刊新聞法に基づき、日刊新聞を発行する新聞社は株式の譲渡を制限し、株主を事業関係者に限定することが認められている。これに基づき、日本新聞協会に加盟する新聞社の九割以上が株式譲渡を事業関係者に限定している。これらのうち、日本経済新聞社は株主を役員、社員、一部の退職社員らの事業関係者に限定しており、その意味では「従業員所有」に近いと言える（日本経済新聞ホームページ：http://www.nikkei.co.jp/topic4/nk/）。朝日、読売、産経は創業家と従業員持ち株会、毎日は毎日新聞グループホールディングスおよび毎日新聞社の従業員持株会が大株主となっている。新聞社が株主を事業関係者に限定する理由は「外部資本による干渉・圧力を排除し、編集、経営の独立を保持する」ためであり、本書で述べる「三種の神器」によるコーオウンド・ビジネスとは方向性を異にする。したがって、本書では新聞社各社をコーオウンド会社の範疇には入れずに論を進める。もちろん、これら新聞社がコーオウンド会社化を果たすには非常に近い位置にあると考えられるため、今後の動向に注目したい。

＊89――中西、2013, 259.

＊90――Kato Morishima, 2002.

＊91――経済産業省 新たな株式保有スキーム検討会、2008, 1-2.

＊92――他に、従業員持株会に限らず、上場時に社員にキャピタル・ゲインを得てもらおうという措置として一時的に「従業員所有」となるケースや、オーナー家の相続対策の一環としての緊急避難場所として従業員持ち株が利

用されているという事例も時折聞かれる。また、倒産企業の第一債権者として従業員が株を所有し、一時的に従業員所有会社となった例が数件見られたが、いずれも他社への吸収、清算などにより現在は存在していない。

＊93――ESOP Association, the, Media Kit 2011.

＊94――日経BP社、2012a、日経BP社、2012b. 二〇一一年一二月七日東証マザーズに上場する。成果報酬型の求人サイトを主事業とするリブセンスは二〇一一年一二月に東証マザーズに上場、続けて二〇一二年一〇月に東証一部へと市場変更された。創業社長の村上太一氏（一九八六年一〇月二七日生まれ）はいずれの上場時にも二五歳で、最年少上場記録を達成した。

＊95――日本経済新聞社、2014.

＊96――経済同友会、2001, 3, 17, 19.

＊97――渡部、2009, 27.

＊98――新日本監査法人、2010, ロイター、2010, 新日本有限責任監査法人、2013.

＊99――Cox, 2010, 10-94、細川、2013, 346-360.

＊100――Erickson Lorentzen, 2004.

＊101――一ドル＝￥一二七・六五：三菱東京ＵＦＪ銀行一九九二年年間平均ＴＴＳ。三菱東京ＵＦＪリサーチ＆コンサルティング、2013.

＊102――一ドル＝￥一一四・九九：三菱東京ＵＦＪ銀行一九九九年年間平均ＴＴＳ。三菱東京ＵＦＪリサーチ＆コンサルティング、2013.

＊103――一ドル＝￥一〇八・八五：三菱東京ＵＦＪ銀行二〇〇〇年年間平均ＴＴＳ。三菱東京ＵＦＪリサーチ＆コンサルティング、2013.

＊104――Erickson Lorentzen, 2004, 5 筆者訳

＊105――Erickson Lorentzen, 2004, 10 筆者訳
＊106――Erickson Lorentzen, 2004, 10 筆者訳
＊107――Erickson Lorentzen, 2004, 23 筆者訳
＊108――筆者らによるインタビュー（二〇一四年一〇月一日）。このインタビューの模様は従業員所有事業協会のホームページで詳しくお伝えしているので、ご興味ある読者はご参照ください。http://jeoa.org/
＊109――細川、2014, 96-106.
＊110――[New Harbinger Publications, 2015] 筆者らによるインタビュー（二〇一四年一〇月三日）。

著者紹介：細川あつし

数多くの国際ブランド事業に携わった後、日英合弁企業を立ち上げ社長CEOに就任。時流との追いつ追われつを繰り返し、人の欲望ばかりを喚起する高付加価値ブランドビジネスの有り様に苦しむ。人びとが幸せに携われる事業を模索する中で、コーオウンド・ビジネス・モデルに出会い、研究と調査に没頭。本書執筆に至る。

コーオウンド会社化指導、エシカル・ビジネス、ブランディング経営戦略のコンサルティングを主たる業とするほか、多摩大学、立教大学大学院、跡見学園女子大学大学院でエシカル・ビジネス、経営戦略、マーケティング戦略に関する授業を持つ。他に都市型コミュニティ「よいコトnet」を運営。多くのセミナー・講演活動を行っている。
一般社団法人従業員所有事業協会代表理事、株式会社コア・ドライビング・フォース代表取締役、多摩大学客員教授、立教大学大学院兼任講師、跡見学園女子大学兼任講師。
1956年東京生まれ。慶大商学部卒。社会デザイン学博士（立教大学大学院21世紀社会デザイン研究科）
趣味は、バンド、たき火、ぼーっとすること。

コーオウンド・ビジネス——従業員が所有する会社

2015年9月30日　初版発行

著者　細川あつし
発行者　土井二郎
発行所　築地書館株式会社
東京都中央区築地7-4-4-201　〒104-0045
TEL 03-3542-3731　FAX 03-3541-5799
http://www.tsukiji-shokan.co.jp/
振替 00110-5-19057
印刷・製本　中央精版印刷株式会社
装丁　犬塚勝一

ISBN978-4-8067-1502-3